**초3 독서력이
고3까지 이어집니다**

엄마의 서재·12

성적 격차를 만드는 4단계 독서 솔루션

초3 독서력이 고3까지 이어집니다

지희정 지음

초등 3학년, 부모님이 할 수 있는
가장 현명한 선택

초등학교 3학년 때 독서교실을 처음 찾아왔던 서린이의 이야기로 글을 시작해볼까 합니다. 올해 중학교 3학년이 된 서린이는 모든 교과목에서 최상위권을 달리는 아이입니다. 남들보다 학원을 많이 다니는 것도 아니고, 공부에 많은 시간을 투자하는 것도 아니라서 친구들에게는 늘 부러움의 대상이지요. 하지만 서린이도 처음부터 지금 같지는 않았습니다.

사실 초3 때만 해도 서린이는 엄마가 억지로 책을 읽히지 않으면 책장을 넘기지 않던 아이였습니다. 읽는 것 자체가 부담이던 시절, 서린이는 저와 함께 책 읽기를 시작했습니다.

제법 수업을 진행한 후에도 이야기책을 읽으며 줄거리를 요약하기 힘들었고, 인물의 감정과 성격을 헷갈렸습니다. 쓰고 싶은 주제를 글로 표현할 수 없었고요. 특히 비문학 글을 읽을 때는 글의 의도나 중심 생각을 찾지 못했습니다.

무엇보다 서린이는 '생각하는 일'이 귀찮고 힘들었습니다. 굳이 머리를 써가며 생각을 반복하는 노력이 익숙지 않았거든요. 버거울 법도 했지만, 서린이는 수업을 묵묵히 따라와 주었습니다. 책을 읽고 또 읽으며 한자리에 머물러 있지 않고 분량을 늘려갔습니다. 모르는 어휘의 의미를 짐작하기 위해 끈덕지게 같은 문장과 문단을 읽어냈습니다.

아이의 독서력은 느리지만 분명하게 자리를 잡기 시작했고, 전과 다르게 서린이의 이해와 사고를 한층 깊어지게 했습니다. 어느 순간부터는 어려운 책도 너끈히 읽을 수 있는 자신감이 붙었습니다. 이해의 폭이 넓어지고 엉덩이 힘도 강해졌지요. 모르는 부분이 생기면 책을 뒤져 앞뒤의 내용을 스스로 찾아 읽고, 관련된 다른 지식을 적극적으로 연결하는 힘이 생겼습니다. 중학교에서 들어가 치르는 첫 시험부터 서린이의 독서력은 진가를 발휘하기 시작했습니다. 수행평가와 지필고사에서 국어는 물론이고, 과목 전체에서 매번 만점 가까운 점수를 받아냈습니다.

"초등학생 때의 서린이를 생각하면 상상도 못할 일"이라며 서린이의 부모님은 놀라워합니다. 책 한 권을 제대로 읽지 못하던 아이가 차곡차곡 쌓인 독서력으로 어느 순간 성적 격차를 이뤄내는 모습. 저로서는 가장 뿌듯하고 기쁜 순간입니다.

'모든 아이들이 서린이처럼 자기만의 속도에 따라, 독서력의 깊이를 키울 수 있다면 얼마나 좋을까?'

이 책은 이런 고민에서 출발하였습니다. 대한민국의 많은 부모님들이 아이들이 어렸을 때부터 열성적으로 책을 읽히지만 어느 순간 확신이 사라지는 순간을 맞이합니다. 아이가 책을 읽고 있지만 제대로 이해한 것인지 알 수 없어 답답한 마음. 글을 쓰고 있는 건 분명하지만 그저 문장만 나열하고 있는 건 아닐까 하는 의문. 독서가 공부의 토대가 될 거라 믿고 열심히 읽혔지만, 기대만큼 따라 주지 않는 아이를 보며 드는 회의감. 그리고 어느 순간부터 이 방법이 맞는지 방향이 잘못된 것은 아닐지 물끄러미 드는 불안감까지 부모님의 마음을 어지럽히지요.

독서를 통해 아이의 이해와 사고가 자라나고 문해가 깊어지고 있는지 확인하는 것은 쉽지 않습니다. 한순간 성장이 멈춘 듯 보이는 아이를 보며 부모님은 자꾸 조급해집니다. 그 조급함 속에서 책을 읽는 일은 형식이 되고, 글을 쓰는 일은 숙제가 되어버린 건 아닐까요.

이 책은 부모님의 이런 고민에 대한 답입니다. 당장은 눈에 보이지 않지만, 탄탄한 독서력을 갖춘 아이들은 이후 학업과 인생에서 만나는 어려운 과제들을 스스로 거뜬히 해낼 힘을 얻습니다. 그것이 곧 넘볼 수 없는 성적 격차로 이어지게 되지요. 이는 곧 삶 전체를 관통하는 태도이기도 합니다. 이 책을 통해 많은 부모님들이 아이들에게 그 힘을 키워줄 수 있기를 바랍니다.

아이의 읽기 방식과 생각의 틀이 형성되기 시작하는 초등학교 3학년은 부모와 아이가 함께 제대로 읽는 법을 익혀가기 가장 좋은 때입니다. 초등학교에서 1, 2학년은 통합 교과를 중심으로 직관적 이해를 돕는 단순한 읽기를 배운다면, 추상적, 논리적 사고가 발달하기 시작하는 3학년부터는 본격적인 과목별 교과목 체계로 변화해 정보를 분석하는 예문이 증가하고, 원인과 결과를 파악하는 비문학 글도 등장합니다. 한마디로 한 차원 높은 학습이 시작되는 것이죠.

그렇기 때문에 초3이라는 시기에, 제대로 읽고 쓰는 독서력을 키우는 일은 무척이나 중요합니다. 기본 토대가 바르게 잡혀 있지 않다면 그 위에 쌓이는 학습은 불안하기 짝이 없겠지요. 한 권의 책을 통해 무엇을 배우고, 어떻게 사고하며, 그것을 어떤 방법으로 나의 지식과 연결 짓는지를 알아야 합니다. 이 단단한 독서력의 기반 위에서 학습한 내용들이 비로소 차곡차곡 쌓입니다.

책 읽기의 유창함이 피어나는 초등 3학년의 시기를 놓치고 잘못된 독서 습관이 굳어지고 나면 이후에는 문제를 발견하기도, 바로잡기도 훨씬 더 어려워집니다. 이미 벌어지기 시작하는 성적 격차를 좁히는 것은 더더욱 힘들어지지요.

초3의 시기에는 아이들이 책을 통해 스스로 생각하는 방법을 배우고, 내용을 바르게 이해하며 표현할 수 있도록 부모님이 적극 도와줄 수 있습니다. 가까이에서 아이를 이끌며, 함께 읽고 생각하고 논리를 갖춰 쓸 수 있게 돕는다면 아이는 점차 깊은 이해력과 유연한 사고력,

풍부한 문해력을 갖추게 됩니다. 결국 자신만의 생각을 정립하고 삶을 관통하는 자기 철학으로 확장해갈 수 있습니다.

이렇게 제대로 읽는 책은 공부를 위해, 인생을 위해 아이의 가장 강력한 바탕이 되어줍니다. 책을 많이 읽는다고 성적이 올라가진 않지만, 반대는 분명히 말씀드릴 수 있습니다.

"책을 제대로 읽지 않는 아이는 어느 순간 반드시 한계에 부딪힙니다."

초등 고학년, 중학생, 고등학생으로 올라 갈수록 모든 교과는 글로 된 정보의 이해와 분석, 나아가 이를 바탕으로 깊이 있는 자기 사고를 요구합니다. 이해하고 구조화하고 추론하며 생각을 구성해야 문제를 풀 수 있고, 이러한 해결 과정을 통해 성취감도 경험하게 됩니다. 하지만, 이때 독서력이 갖춰져 있지 않다면, 아이는 학습 과정에서 반복되는 어려움에 부딪히며 자신감을 잃게 되고 공부에 대한 두려움이 자리 잡게 됩니다.

그러니 좋은 결과를 원한다면, 그에 앞선 올바른 출발이 필요합니다. 초등 3학년은 바로 그 출발점이자, 제대로 읽기를 시작할 수 있는 골든타임입니다. 지금 이 시기를 잘 활용해야 이후 학습에서도 자연스럽게 자기 속도와 방향을 찾고, 조급함 없이 자신만의 길을 단단히 걸어나갈 수 있습니다.

이 책에서는 제가 11년간 수많은 아이들을 접하고 이끌며 정립한 4단계 독서 솔루션을 소개합니다. 이를 통해 부모님들이 아이의 어려움을 진단하고 아이와 함께 문제를 해결해나갈 수 있도록 구체적인 가이드를 제시하였습니다.

단순히 책을 많이 읽는 것이 아니라, 제대로 읽고 정리한 후, 그것을 바탕으로 깊이 있게 사유하고, 자기 생각을 스스로 표현할 수 있을 때 제대로 읽는 힘이 생깁니다. 이 과정이 쌓이면 비로소 독서력이 생기게 되고요. 이런 독서력을 키워주기 위해 부모님이 아이를 이끌어줄 수 있는 여러 가지 방법을 담았습니다.

제대로 읽고 쓰는 아이는 한 권의 책으로 세상을 보는 법을 배울 수 있습니다. 한 문장 한 문장 곱씹고, 시야를 넓히고 누군가의 말과 마음을 헤아리는 태도 역시 익히게 됩니다. 그렇게, 아이가 생각하고 느끼고 정의한 태도는 인생 전체를 떠받치는 단단한 힘이 되어줍니다. 그저 글을 읽는 것 같지만, 그 안에서 관점이 깊어지고, 감정을 배우며 삶을 살아가는 방법이 자라납니다.

이 책은 단순히 '책 좀 읽히는 법'을 담은 매뉴얼이 아닙니다. '왜 초등 3학년부터의 독서력이 중요한가?' '어떻게 읽게 해야 하며 부모는 무엇을 할 수 있는가?'에 대한 깊이 있는 탐색이자 안내서입니다. 단기 성과를 바라는 조급한 시선이 아니라, 아이의 인생을 이끄는 평생 학습 역량과 태도까지 키우고자 하는 부모님들께 보내는 응원입니다.

여기 담긴 한 문장이 누군가에게 '우리 아이만 이런 게 아니었구나'
라는 위로가 되기를, 또 누군가에게는 '이제부터 시작해봐야겠다'라
는 용기가 되기를 바랍니다.

　　이 책이 한 가정의 독서 교육을 바꾸고, 한 아이의 학습 여정을 새롭
게 여는 출발점이 되기를 진심으로 바랍니다.

독서가 학습과 연결되길 바라는 부모라면 이 책에서 첫걸음을 시작하세요

이은경(부모교육전문가, '슬기로운초등생활' 대표)

책을 좋아하는 아이로 길러냈습니다. 독서록도 꼼꼼히 쓰고, 독서 마라톤도 완주했지요. 그런데 학년이 올라갈수록, 특히 초등 3학년이 지난 후부터 성적은 제자리에 머무릅니다. 아이가 책을 안 읽는 것도 아닌데, 어디서부터 잘못된 걸까요? 《초등 3학년 독서력이 고3까지 이어집니다》는 이 질문에서 출발합니다. "아이가 책을 읽긴 하는데, 이해한 것 같지도 않고 남는 게 없어 보여요"라는 부모의 답답함에 독서와 논술을 오랜 시간 가르쳐온 저자는 조용히, 그러나 단호하게 말합니다. 독서력은 양이 아니라 구조이며, 독서가 학습으로, 학습이 사고력으로 이어지기 위해선 '독서의 구조'를 부모가 이해해야 한다고요.

많이 읽기만 한다고 해서 문해력이 저절로 자라나지 않습니다. 생각의 뼈대를 세워줄 적기의 질문, 문장의 구조를 함께 들여다보는 훈련, 문단 간의 관계를 파악하는 연습이 없으면 독서는 '시간 소비'에 머물 뿐입니다. 이 책은 어떤 책을 고를지, 어떤 질문을 던져야 아이의 생각이 열릴지, 한 문단을 어떻게 읽고 그것을 정리하고 표현하는 과정으로 연결할 수 있을지를 실제 대화와 예시로 촘촘히 보여줍니다. 책을 읽는 훈련만큼이나 말하는 힘, 쓰는 힘, 설명하는 힘이 중요하다는 사실도 이 책을 통해 자연스럽게 깨닫게 될 것입니다.

초3부터 시작되는 비문학 독서, 그 출발점에서 우리가 할 일은 아이에게 책을 던져주는 일이 아니라 아이가 질문하고 생각하고 말하는 과정에 기꺼이 함께 머무는 일일지도 모릅니다. 독서교육을 다시 시작해보고 싶은 부모, 독서가 학습과 연결되길 바라는 부모, 그리고 아이의 문해력을 정말 깊이 있게 키워주고 싶은 부모라면 이 책에서 그 확실한 첫걸음을 만나게 될 것입니다.

멀고 긴 독서의 길에 반드시 필요한 지침서

오현선(독서교육전문가)

가정에서는 아이가 책을 들고 있으면 잘 읽는가보다 하며 안심하기 마련입니다. 그러나 책을 잘 읽는다는 것은 생각보다 간단한 문제는 아닙니다. 여러 가지 이유가 있겠으나 오랫동안 현장에서 지켜본 바로는, 즐기는 독서에서 전략적 독서로 나아가지 못하는 것이 가장 큰 이유였습니다.

《초3 독서력이 고3까지 이어집니다》. 이 책은 독서교육 전문가라면 현장에서 만나게 되는 이 문제를 정확히 짚어 체계적이고 다양한 솔루션을 제공합니다. 책에 흥미를 붙이는 1, 2학년을 넘어 본격적인 독서를 시작하게 되는 3학년을 골든 타임으로 보고 그때부터 어떻게 읽기, 쓰기 지도를 해야 하는지 자세히 소개하고 있습니다.

4단계 솔루션으로 이루어진 이 책에서 1단계는 본격적으로 읽기 힘을 키우는 방법을 소개합니다. 듣기 능력이 읽기와 어떻게 연결되는지, 읽은 책에 대해 부모는 어떻게 질문해야 하는지, 어휘력을 제대로 키우는 법은 무엇인지가 담겨 있습니다.

3학년 이후 독서력의 편차가 벌어지기 시작하는 것은 바로 추론 능력 때문이기도 합니다. 잘못된 읽기 습관이 고학년까지 지속되어 추론하지 않고 표면적 내용만 읽어내는 독서를 하는 아이들이 많습니다. 이 책은 그 점을 놓치지 않고 책의 내용을 토대로 어떻게 추론 능력을 키워주어야 하는지 2단계에서 정확히 알려주고 있습니다.

아이가 책을 건성으로 후루룩 읽는 경우라면, 솔루션 3단계를 참고하시길 권합니다. 문학을 어떻게 섬세하게 읽어야 하는지, 읽기에서 정말 중요한 문단 읽는 법, 또한 자주 접하지만 낯설어하는 설명문부터 논설문 읽는 법까지 책에서 안내한 대로만 지도한다면 우리 아이 독서력은 문제없이 성장할 것입니다.

독서력의 결정체인 쓰기는 4단계에서 다룹니다. 읽기는 쓰기로 완성된다는 말이 있죠. 쓰기를 통해 더 정확하게 읽게 된다는 뜻인데요, 이 책은 일부 어른들의 잘못된 지도로 틀에 박힌 독서감상문을 쓰다가 사고마저 막혀버리는 문제를 잘 집어내어, 사고력을 확장하는 글쓰기를 친절하게 설명하고 있습니다.

문해력 이슈는 늘 우리 사회의 화두이지만 참 신기하게도 학생들의 문해력 성장은 더디기만 합니다. 이유가 무엇일까요? 학생들을 지도해야 하는 우리 어른들이 먼저 독서력, 독해력, 문해력에 대해 정확히 알지 못해서라고 생각합니다. 그저 읽게 하면 될 거라는 막연한 생각으로 드문드문 건네는 책은 학생들의 문해력은 물론 독서력도 성장시키지 못합니다. 읽기력은 물론이고요.

그러나 독서력은 우리가 살아가는 데 반드시 필요한 삶의 기반이고 힘입니다. 잘 읽고 쓰는 아이는 생각하는 능력이 있고, 그 생각하는 능력이야말로 AI가 무섭게 발전하는 이 시대에 인간이 가지고 있어야 할 중요한 핵심 능력이니까요.

초3부터의 독서를 이야기하는 이 책은 초1, 2학년 자녀를 둔 부모에게 멀고 긴 독서의 길에 완벽한 지침서가 되어줄 것입니다. 고학년 이상의 아이들에게도 이 책은 필요할 거예요. 독서력은 나이만큼 성장하는 것이 아니라 경험만큼 성장하는 것이므로 설령 중학생이라 해도 이 책에서 안내하는 단계별 솔루션을 차근차근 따라야 하거든요.

이 책 한 권을 곁에 두세요. 그리고 생각날 때마다 꺼내 읽으며 우리 아이의 독서력 성장을 위해 실천해주세요. 분명히 잘 읽고 잘 쓰며, 사고력까지 높은 아이로 성장할 것입니다. 독서력의 핵심을 단계별로 잘 안내한 이 책을 써 주신 지희정 선생님께 감사드리며, 오늘도 우리 아이들의 독서력 성장을 위해 노력하는 많은 부모님들께도 축복의 마음을 전하고 싶습니다.

제대로 읽고 쓰는 방법을 제시하는 책!

국화(《열두 달 하브루타》 저자)

최근 몇 년간 교육시장을 뜨겁게 달군 단어는 단연 '문해력'입니다. 높은 관심에 부응하듯, 문해력의 중요성을 다룬 수많은 책들이 쏟아져 나왔습니다. 책, 유튜브 등 다양한 채널에서는 문해력이 부족한 요즘 아이들에 대한 분석과 문제의식을 쏟아내며, 읽고 쓰기의 중요성을 강조합니다. 그 과정에서 부모들의 불안을 자극하기도 하지요.

실제로 현장에서 마주하는 많은 아이들이 문해력의 문제를 겪고 있는 것은 부정할 수 없는 현실입니다. 문해력 저하는 단순히 국어에만 국한된 문제가 아닙니다. 제대로 읽는 능력은 전 과목 학습에 영향을 미치는 핵심 역량이기 때문입니다. 읽기 역량이 부족한 아이들은 초등 고학년 무렵부터 교과서 읽기에 어려움을 느끼고, 중·고등학생이 되어서는 긴 글과 복잡한 논리 구조 앞에서 쉽게 좌절합니다. 결국, 읽지 못하면 배우는 것도 어려워지고 맙니다.

특히, 논술과 서술형 평가, 수행평가의 비중이 커지고 있는 지금, 결과는 결국 글쓰기 실력에 달려 있습니다. 이러한 흐름 속에서, 부모들의 관심도 자연스럽게 '읽기'와 '쓰기'로 향하고 있습니다.

하브루타를 통한 독서 수업을 진행하며 제가 가장 많이 느낀 점은, 많은 아이들이 질문을 만들기 이전에 텍스트의 의미를 정확히 이해하는 데서부터 어려움을 겪고 있다는 사실입니다. 의미를 제대로 읽지 못하면 다양한 질문을 통해 생각을 확장하기도 어렵습니다. 그래서 '다양한 생각을 가져라, 자신만의 관점을 가져라'라고 말하기에 앞서, 아이가 먼저 텍스트를 제대로 이해하고 해석하는 힘을 키우는 것이 우선입니다.

'글을 잘 쓰는 아이'란 단순히 문장을 매끄럽게 만드는 아이가 아닙니다. 읽은 내용을 자기 생각으로 소화하고, 그 생각을 근거 있게 펼쳐낼 수 있는 아이입니다. 혹시 지금 아이의 글쓰기 실력이 부족하더라도 걱정하지 마세요. '잘 읽고, 잘 쓰는 것'은 가르칠 수 있고, 길러질 수 있는 능력입니다. 그 시작은 단순한 독서량이 아니라, 무엇을 어떻게 읽고, 그것을 어떻게 생각과 연결해 글로 옮길 수 있는가에 달려 있습니다.

이 책은 그런 의미에서, '제대로 읽기'의 중요성을 강조하며 그에 대한 구체적인 방법들을 풍부하게 담고 있습니다. 특히 초등학교 3학년이라는 시점에 아이가 '읽기'에서 '사고'로, 그리고 '표현'으로 나아가는 과정을 자연스럽게 안내해줍니다. 이 책이 특별한 이유는, 단지 이론적인 설명이나 추상적인 조언에 그치지 않고, 아이와 함께 실천해볼 수 있는 '제대로 읽고 쓰는 솔루션'을 매우 현실감 있게 담고 있다는 점입니다. '제대로 읽는다'는 것이 무엇인지 정의하고, 그 구체적인 방법들을 제시하는 과정에서 오랜 시간 중·고등학생들과 독서논술 수업을 해온 저자의 내공과 노하우가 고스란히 드러납니다.

　아이의 문해력을 키우고 싶은 모든 가정, 그리고 이미 문해력에 어려움을 겪고 있는 아이를 둔 부모님께, 저는 이 책을 진심으로 추천합니다. 특히 '읽고 쓰기의 뿌리를 단단히 잡아주고 싶다'고 생각하시는 분들이라면 반드시 이 책을 통해 실질적인 도움을 받게 되실 것입니다. 학생들과 함께 논리적 사고와 글쓰기를 지도해 온 교사로서, 이 책이 아이가 평생 간직할 생각하는 힘, 글의 힘을 길러주는 가장 든든한 출발점이 되기를 진심으로 소망합니다.

목차

초3, 문해력의 꼼꼼한 징검다리를 만들 시간

독서 솔루션 1단계_기본기
: 듣기, 묻고 답하기, 어휘력 키우기

PART 3

독서 솔루션 2단계_심화 읽기

: 추론하기, 비문학 읽기, 지식 확장하기

PART 4

독서 솔루션 3단계_유형별 읽기

: 구성 요소 파악하기, 문단 읽기, 글의 종류 이해하기

PART 5

독서 솔루션 4단계_체계적 글쓰기

: 잘 읽히는 글쓰기

PART 1

초3, 문해력의 꼼꼼한
징검다리를 만들 시간

책은 많이 읽는데
왜 공부로 이어지지 않을까?

📖 **책 많이 읽는 아이, 성적과는 별개의 이야기라고요?**

지한이 엄마는 누구보다 아이 '독서'에 진심이었습니다. 아이가 말문
이 트이기도 전에 책은 물론 방송과 인터넷 정보를 섭렵해, 이름난 단
행본과 전집들을 아낌없이 들여놓았습니다. 어릴 때부터 독서에 힘주
지 않으면 깊이 있는 문해력을 기르기 어렵고, 그 결과 학년이 올라갈
수록 학습 능력에도 영향을 미친다고 하니 하나뿐인 아들 지한이가
혹여 뒤처질까 싶어 독서에 공을 들였지요.

　엄마의 노력 덕분이었을까요. 지한이는 책을 좋아하는 아이로 자랐
습니다. 외출할 때면 책 한 권은 항상 가방에 넣어 다녔고, 심심하면
친구를 찾기보다 책을 들고 뒹굴뒹굴하는 아이였죠. 모든 엄마가 바
라는 아이. 지한이는 분명 그랬습니다.

하지만 지한이가 중학교 2학년이 된 지금, 엄마는 한숨이 절로 나옵니다. 어렸을 때부터 그렇게 독서에 공들였건만, 성적은 엄마 아빠가 기대했던 것에 영 미치지 못합니다. 최상위권까지 바란 건 아니지만 그동안 쌓인 독서 내공으로 '공부 좀 하는' 축에는 들리라 은근히 기대했거든요. 간신히 중간을 유지하고 있는 지한이를 보며 속상하기도 하고 때론 원망스러운 마음이 들기도 합니다. 노력이 부족했을까, 엄마가 선택한 독서 로드맵이 잘못되었을까. 지한이의 성적을 두고 엄마는 자기 탓 같아 마음이 아픕니다.

지한이의 문제는 무엇이었을까요? 요즘 부모님 골머리를 가장 썩이는 스마트폰이 원인이었을까요? 지한이는 또래만큼 스마트폰을 사용하지만 중독은 아닙니다. 엄마와 약속한 시간만큼만 스마트폰을 사용하고 스스로 멈출 줄도 알거든요. 여전히 책도 곧잘 읽습니다. 성적이 나오지 않는 지한이를 보며 엄마는 이유가 궁금합니다. 책을 읽는 아이로 자라면 당연히 성적도 따라온다고 생각했으니까요.

독서가 아이들에게 긍정적인 영향을 미친다는 것은 분명한 사실입니다. 하지만 단순히 책을 많이 읽는 것만으로는 부족합니다. 독서를 통해 무엇을 배우고, 어떻게 사고하며, 나의 지식과 어떤 방법으로 연결 짓는지가 더 중요합니다. 지한이는 분명 좋은 독서 습관을 갖춘 아이지만, 읽은 내용을 자신의 사고로 확장하고 체계적으로 활용하는 방법은 몰랐을 수 있습니다. 혹은 활자만 읽는 아이였는지도 모르고요.

📖 '얼마나 읽었느냐'보다 '어떻게 읽느냐'

아이러니하지만 책 읽기에 온통 초점이 맞춰진 시대임에도 불구하고, 초·중·고 학생을 대상으로 독서 논술 수업을 진행하며 제대로 읽지 못하고 쓰지 못하는 아이들을 수없이 만납니다. 의미 있는 자기 글을 탄탄하게 써낼 수 있으려면 먼저 제대로 읽는 습관이 갖추어져 있어야 합니다.

어떤 아이들은 영어와 수학에 비해 국어를 만만하게 여깁니다. 그러나 이런 아이일수록 대입에서 국어가 결정적인 변수가 될 가능성이 큽니다. 초등학교 시절 '제대로 읽기'와 '이해', 그 후 연결된 쓰기에 집중해 정교하게 기초를 다진 아이는 상대적으로 적은 시간을 투입하여 더 뛰어난 결과를 끌어낼 수 있습니다. 한마디로 모든 과목에 '가성비'가 높아지는 것입니다. 당장 중학교 수행평가와 고교학점제, 그리고 논·서술형 중심으로 바뀐 입시 제도까지, 이 모든 것은 읽기와 글쓰기를 바탕에 두고 변화하고 있습니다. 이런 이유로 마음이 급해진 부모들은 아이를 학원으로, 과외로 내몹니다. 하지만 열심히 수업을 받고 돌아온 아이를 보면, 엄마의 기대만큼 문해력이 나아진 것 같지 않습니다. 분명히 많은 책을 읽고 배우고 연습했는데 왜 문해력은커녕 여전히 읽고 쓰지 못할까요?

독서를 통한 성장은 단순히 얼마나 많은 책을 읽었는가 하는 '양적 독서'가 아니라 어떤 책을 어떻게 읽느냐 하는 '질적 독서'에서 결정

됩니다. 물론 양적 독서를 발판으로 질적 독서로 향하는 것이 가장 바람직하지만, 두 가지 중 아이의 '성장'과 더 밀접하게 관련된 것을 꼽는다면 단연코 '질적 독서'입니다. 읽은 책의 권수만 쌓이는 것이 아니라 질적으로 성장해나가는 독서를 할 때 비로소 아이의 문해력이 향상되고 학업에도 긍정적인 영향을 미치게 됩니다.

읽고 쓰는 힘을 키우는 독서 교육에서 또 한 가지 중요한 것이 있습니다. 바로 '시기'입니다. 초등학교 고학년, 혹은 중학생이 되었는데도 짧은 그림책의 내용조차 제대로 설명하지 못하는 아이들이 의외로 많습니다. 이는 적절한 시기에 읽기 습관을 올바로 들이지 못했기 때문입니다. 지한이도 그런 경우였습니다.

저는 아이의 평생에 무기가 되어줄 독서 교육의 골든 타임을 '초등 3학년'이라고 말합니다.

📖 독서 교육의 골든타임, 초등 3학년

초등학교에 입학하면 엄마는 아이에게 '너도 이젠 학생이야'라고 말하지만, 자기 몸만큼 커다란 책가방을 멘 1, 2학년 아이들은 마냥 아기 같습니다. 그래도 3학년 정도는 되어야 '초등학생'이라 불려도 어색함이 없습니다. 이렇게 초 3은 신체적인 부분뿐 아니라, 인지 능력에서도 큰 변화가 일어나는 시기입니다. 교과서만 봐도 알 수 있지요. 교과서는 교육 분야의 전문가들이 공동으로 연구하고 개발하며, 엄격

한 검토 과정을 거쳐 제작되는 책입니다. 아이들의 연령별 인지 발달에 맞춰 최적화된 학습 경험을 제공하는 것이 교과서의 역할입니다. 이렇게 아이들 발달에 맞춘 초등 과정에서 교과서의 분위기가 달라짐을 감지하는 순간이 있습니다. 바로 3학년입니다.

초등 1, 2학년은 통합 교과를 중심으로 직관적 이해를 돕는 짧은 문장과 그림 위주로 구성되며, 단순 읽기를 통해 문제를 해결합니다. 그러나 추상적, 논리적 사고가 발달하기 시작하는 3학년부터는 본격적인 교과목 체계로 변화해 과목별 교과서가 생깁니다. 교과서의 문장도 길어지며 문단 단위 읽기를 시작하게 됩니다. 이렇게 3학년은 단순한 규칙 이해에서 벗어나, 논리적 사고가 시작되는 순간입니다.

1, 2학년 교과서 내용이 전반적으로 이야기 중심이었다면 3학년부터는 정보를 분석하는 예문이 증가하고, 원인과 결과를 파악하는 비문학 글도 등장합니다. 주제와 핵심 내용 파악, 요약하는 연습, 생각 정리하여 쓰기 등도 시작됩니다. 한마디로 한 차원 높은 학습이 시작되는 것이죠. 이제부터는 글의 의미를 파악하며 읽는 능력이 중요해집니다.

📖 책 읽기의 유창함이 자라나는 시기

많은 연구 결과가 보여주듯, 사람은 나이가 들수록 새로운 방식으로 사고하는 것이 어려워지고 기존의 사고방식에 집착하는 경향이 강해집니다. 익숙하지 않은 논리나 전개를 이해하고 수용하는 데 시간이 걸리고, 자신의 생각과 다른 주장을 객관적으로 평가하는 일도 점점 힘들어집니다. 그렇기에 이제 막 생각의 방식과 태도가 자리 잡기 시작하는 초등 3학년은 올바른 읽기와 쓰기를 시작하기에 이르지도 늦지도 않은, 딱 좋은 적기입니다.

이 시기, 엄마 마음은 반반입니다. 아직도 어리게만 보이는 아이를 어려운 학습에 내모는 건 아닌지 망설여집니다. 아이가 좋아하는 이야기책만 읽혀도 지금은 충분할 것 같거든요. 아이와 실랑이하며 딱딱한 비문학 책을 읽히고, 잘 읽었는지 점검하고 바로잡으며 굳이 에너지를 소모하고 싶지 않습니다. 그래서 '뭐라도 읽으면 됐지'라는 생각으로 불안한 마음을 덮습니다.

하지만 저는 책 읽기의 유창함이 자라나는 초3 시기를 놓치지 마시라고 강조합니다. 이제 아이는 부모님의 교육 의도를 이해할 수 있고, 손힘과 인내력도 받쳐주기 때문에 본격적인 독서교육을 충분히 시작할 수 있습니다. 더 늦어지면 다른 간섭들로 인해 힘든 과정을 거쳐야 할지도 모릅니다. 어영부영 어린 시절을 보내고 아이의 읽기 방법에 문제가 있다는 걸 깨닫게 될 때쯤이면, 굳어져버린 독서 습관의 문제를 발견해도 바로잡기가 어려워집니다.

부모님 눈엔 마냥 어리게 보이지만, 키가 쑥 자라나듯 아이는 계속해서 성장하고 있습니다. 초3, 지금부터 아이 안에 제대로 된 읽기와 쓰기 능력의 싹을 틔워주세요. 이 시기에 길러진 문해력은 앞으로 아이 인생에 여러모로 요긴하게 쓰일 좋은 무기가 되어줄 것입니다. 지금 서두르지 않고 쌓아나간다면, 나중에는 허겁지겁 뛰지 않아도 자신의 페이스대로 앞서 나가는 힘을 갖게 될 것입니다.

📖 제대로 읽는다는 건 어떤 것일까요?

얼마 전, 4학년 아이들과 함께 신나게 보드게임을 했습니다. 규칙은 보드게임을 시작하기 전 설명서를 읽고 이해한 다음, 저에게 게임 방법을 직접 가르치는 것입니다. 5명씩 두 팀이 게임을 진행했습니다. 편의상 A팀, B팀이라고 해볼게요. A팀은 게임 규칙을 적극적으로 읽고 의논하면서 룰을 이해했습니다. 곧 전체 팀원이 규칙을 익혀 게임을 신나게 진행했지요.

반면 B팀은 글씨가 빼곡한 설명서가 어렵다며 제대로 읽으려는 시도를 하지 않았습니다. 설명서를 엉성하게 대충 읽다 보니 저에게 설명하는 내용도 팀원마다 중구난방이었습니다. '일단 해보면 안다'면서 무작정 게임을 시작했는데 진행이 매끄럽게 될 리가 없지요. 막히는 부분이 있을 때 설명서를 읽으며 보완하면 될 텐데 그마저도 하지 않습니다. 팀원마다 목소리를 높여 다른 주장을 하다 보니, 게임 한 판을 제대로 해보지도 못한 채 어영부영 시간이 끝나버렸습니다.

책을 읽을 때도 A팀처럼 읽는 아이들이 있는가 하면, B팀처럼 읽는 아이들이 있습니다. 최근 OECD 국제학업성취도평가(PISA)에서 한국

학생들이 텍스트의 표면적 이해에는 강하지만, 복합적인 맥락에서 추론하고 창의적으로 사고하는 부분은 상대적으로 약하다는 결과를 공개했습니다.

결국 우리 아이들은 단순히 독서량이 부족한 것이 아니라, 체계적이고 심화된 읽기 훈련이 부족하다고 볼 수 있습니다. 글의 흐름과 구조를 처음부터 끝까지 파악하고 필요한 정보를 얻어내는 한 차원 높은 문해력이 아이들에게는 필요합니다.

아이들이 살아갈 시대에 문해력은 비단 학업과만 연결된 역량이 아닙니다. 사회적 소통을 위해서도 반드시 필요한 역량입니다. SNS에 올린 짧은 문장, 간단한 댓글 하나로 사람들에게 공감을 얻기도 하고, 때로는 논란을 일으키기도 합니다. 정보를 수동적으로 받아들이는 데 그치지 않고, 내 생각을 적극적으로 표현하고 설득력 있게 전달하기 위해서도 문해력은 필요합니다. 어찌 보면, 문해력은 일상을 풍부하게 살아가기 위한 삶의 도구라고도 할 수 있겠네요. 그렇다면, 학업의 도구이자 삶의 무기가 되는 '제대로 읽기'란 과연 무엇일까요?

• 민감하게 읽을 수 있어야 합니다. 민감하게 읽는다는 것은 단순히 텍스트를 따라가는 것이 아닙니다. 단어 하나, 문장 하나에도 글쓴이의 의도와 맥락이 숨어 있기 때문에 글의 순서와 뉘앙스를 파악하며 읽어야 합니다. 글을 전환하고 연결하고 강조기 위해서 어떤 단어와 장치를 사용했는지, 그 앞뒤 단락에서 글의 흐름과 논리가 어떻

게 변하는지 전체적인 구조를 파악해야 합니다.

- 키워드를 파악할 수 있어야 합니다. 어떤 종류의 글이든, 전체 내용의 핵심을 이루는 표현과 단어를 정확히 짚어내는 것은 글 전체를 이해하는 첫걸음입니다. 키워드를 도출해낼 수 있다면 글의 주제와 방향을 쉽게 읽어낼 수 있습니다.

- 주제를 한 문장으로 말할 수 있어야 합니다. 주제는 글쓴이가 독자에게 전달하고자 하는 가장 중요한 메시지입니다. 주제를 파악했다는 것은 글 전체를 정확히 이해했다는 의미와 같습니다.

- 여러 근거를 종합해 정의할 수 있어야 합니다. 의견이나 생각, 느낌은 근거가 아닙니다. 글 곳곳에 쓰여 있는 정확한 사실을 바탕으로 결론을 내려야 합니다. 그리고 이를 적절한 어휘를 사용하여 명확하게 정리하는 힘이 필요합니다.

- 구조화를 통해 종합할 수 있어야 합니다. 글을 맥락에 따라 묶어 구조화하고, 이렇게 구조화한 내용을 종합하여 전체적인 메시지를 도출할 수 있어야 합니다.

- 추론할 수 있어야 합니다. 추론은 글의 내용에서 벗어나지 않되, 글쓴

이가 미처 말하지 않은 부분을 합리적으로 예측하는 것입니다. 그러자면 글의 흐름을 논리적으로 연결하고 합리적으로 판단하며, 생략된 의미와 숨은 의도를 파악할 수 있어야 합니다.

우리 아이들은 읽기를 통해 세상을 이해하고, 쓰기를 통해 목소리를 남깁니다. 그것이 바로 문해력이 우리에게 주는 가장 큰 선물입니다. 또한 읽는다는 것은, 태도를 만드는 가장 쉬운 방법이기도 합니다. 책 중에는 글밥이 적은 것도 있고 아이들이 읽기에는 꽤나 두꺼운 책도 있습니다. 쉽게 술술 읽히는 책이 있는가 하면, 몇 번을 반복해서 읽어야 이해가 되는 책도 있고요. 다양한 난이도의 책을 통해 제대로 읽는 연습을 한 아이들은 마냥 재미있고 편안한 상태에만 머무르는 것이 아니라, 조금 어렵고 힘들더라도 참고 올라서는 태도를 기르게 됩니다.

만만치 않은 책 한 권을 끝까지 다 읽었을 때의 뿌듯함은 말할 수 없이 큽니다. 포기하지 않고 해냈다는 성취감, 다른 힘든 일도 해낼 수 있겠다는 스스로에 대한 믿음이 책을 읽은 시간만큼 자라납니다. 그렇기에 이후 학업에서 만나는 어려운 과제나 인생의 도전에도 자신 있게 뛰어들 수 있습니다.

그러니 학습의 기반이자, 아이의 삶을 풍요롭게 만들어주는 강력한 힘 '제대로 읽고 제대로 쓰는 능력'을 제때 키워낼 수 있도록 이끌어주세요.

초3 독서 교육,
이것만큼은 꼭 기억해주세요

📖 이야기책 외에 비문학의 비중을 서서히 늘려주세요

지금부터는 초등 3학년 때부터 챙겨야 하는 중요한 독서의 원칙을 이 야기할까 합니다. 초3의 독서는 어떻게 달라져야 할까요?

먼저, 초등 3학년 이후부터는 서서히 비문학의 비중을 늘리는 것이 중요합니다. 비문학은 우리가 알고 있는 '딱딱한 책'입니다. 문학이 소설, 시, 희곡, 수필 등 작가의 상상력과 감정, 사상이 반영된 이야기인 것에 반해, 비문학은 설명문, 논설문, 보고서, 기사문 등 정보를 전달하거나 논리적으로 설명하는 글입니다.

책을 많이 읽는다는 아이들 중에는 문학책만 편식하는 경우가 적지 않습니다. 어려서부터 이야기책만 읽는 것이 습관이 된다면 앞으로도 아이에게는 '책=소설'일 확률이 높습니다. 물론 소설을 통해 풍부한 어휘를 접하고 인물의 감정에 공감하는 태도를 키울 수 있지요. 또 이야기를 이해하는 능력과 읽기 속도도 향상됩니다.

하지만 글의 내용을 분석하고 논리 구조를 이해하는 경험을 하려면 비문학 책이 필요합니다. 유의미한 정보를 수집하고 추출하는 능력, 정보를 활용하는 능력, 판단력은 비문학 책을 통해서 효과적으로 키울 수 있습니다. 때로는 내가 읽은 글 속의 정보를 비판하기도 하고 새로운 관점으로 확장할 수도 있고요.

아이들이 비문학 책을 버거워하는 이유는 분명합니다. 문학에 비해 재미가 없거든요. 다양한 인물이 나와 감동과 재미를 주고 박진감 넘치는 사건이 전개되며 상상력을 자극하는 문학책이 아무래도 훨씬 읽는 맛이 나지요. 그에 비해 명확한 정보나 주제를 독자에게 전달하는 것이 목표인 비문학은 재미가 없습니다. 모르는 단어도 많이 나오고 내용도 어렵습니다. 책을 읽으며 계속해서 생각을 정리하고 구조화하는 과정이 성가시고 힘겹기도 합니다. 매 순간 흩어지는 정신을 부여잡아야 하는 비문학과 아이들이 친해지기란 어려운 일입니다. 타고나기를 책과 멀찍이 떨어져 있는 아이들의 경우는 더 말할 것도 없지요.

실제로 많은 아이들이 학년이 올라갈수록 비문학 책과 점점 멀어집니다. 하지만 이렇게 비문학 책과 멀어진 아이는 결국 멀리 도망가지 못하고 교과서를 만나게 됩니다. 교과서의 대부분이 비문학이니까요. 결국 아이는 교과서를 이기지 못하게 됩니다.

그래서, 평범한 우리 아이들의 비문학 읽기는 '익숙함'이 필요합니다. 아이가 성장할수록 요구되는 비문학 책 읽기의 수준이 점점 높아지기 때문에, 비문학 읽기의 깊이와 속도도 아이의 성장 과정과 함께 자라나야 합니다. 그러니 이해 능력이 발달하고 논리적으로 연결된 정보를 처리하는 것이 가능해지는 시기인 초3부터는 비문학 읽기를 차곡차곡 시작해 익숙해져야 합니다.

아이가 어려워한다는 이유로 비문학 읽기를 미루고 계신 부모님이 있다면 수능 지문을 읽어보시길 바랍니다. 어떤 영역이든 지문과 문제를 보고 있노라면 '아이들이 제한된 시간 안에 이 지문을 읽고 문제를 푸는 것이 가능한가?'란 생각이 절로 듭니다. 지문을 읽기도 숨찬데, 대충 이해한 내용으로 문제를 풀려고 한다면 불 보듯 뻔한 결과가 나오겠지요.

아이가 싫어하고 어려워한다고 해서, 읽지 않아도 되는 이유를 주지는 마셨으면 합니다. 비문학 읽기는 누구나 언제나 어렵거든요. 언제, 어떤 시점에 시작해도 마찬가지입니다. 그러나 허들이 높더라도 익숙해집니다. 오해하지 마세요. 쉬워지는 게 아니라 익숙해지는 것입니다. 꾸준히 읽기의 힘을 키운 아이들도 힘들긴 마찬가지지만, 그동안 쌓은 내공으로 읽기를 지속할 수 있습니다. 그러니, 아이가 충분히 성장할 수 있는 선에 닿을 때까지 멈추지 마시기를 바랍니다.

저는 모든 아이가 책을 좋아하게 만들 수는 없다고 말합니다. 다만 글을 읽는 힘, 그리고 제대로 읽는 습관만큼은 초3의 시기부터 충분히 키워줄 수 있다고 생각합니다. 그 힘을 키워줄 수 있는 비문학 읽기를 아이의 수준에 맞추어 차근차근 시작해주세요. 그 과정이 곧 아이의 사고력과 학습의 기반이 되어줄 것입니다.

그래서 어떤 책을 읽히면 좋을까요?

구조적인 사고를 익히고 문해력을 키우는 데 비문학 책이 효과적이라는 사실을 지금까지 이야기했습니다. 그럼 어떤 책들을 어떻게 읽으면 좋을까요?

비문학 첫 시작으로 좋은 책은?

만약 비문학이 낯선 아이라면 자기 나이보다 쉬운 난이도의 비문학 그림책부터 시작할 것을 추천합니다. 읽는 습관을 제대로 들이기 위해서는 아이가 쉽고 편하게 받아들이는 게 중요하니까요. 비문학 그림책을 추천하면 아이도 엄마도 고개를 갸웃거리곤 합니다. 그림책을 만만히 보는 것입니다. 하지만 이 그림책으로 수업을 진행하면 아이들은 항상 비슷한 말을 합니다.

"선생님, 그림책이 왜 이렇게 어려워요?"

쉬운 책으로 시작하되, 아이가 인내심을 가지고 책 속의 정보를 수집해 스스로 정리하고 결과를 도출해내는 것이 중요합니다. 비문학 읽기를 막 시작했다면 인문, 철학, 예술 분야보다는 사회, 과학 분야가 적절합니다. 명확한 정보 전달을 목표로 쓴 글이라서 책을 읽은 후 질문에 답하기 좋으니까요. 처음부터 크고 열린 질문을 할 수밖에 없는 책은 이 시점에선 부담이 됩니다. 지금은 자유롭게 사고를 펼쳐나가기보다 논리적이고 단단한 기반 위에서 사고를 다듬는 것이 필요합니다. 자연, 계절, 우리 몸, 우리 문화, 역사, 정치, 법, 지리 등 다양한 주제의 책들을 고를 수 있겠지요.

중요한 것은, 비문학 책도 눈으로만 읽어나갈 뿐 구조적으로 생각하지 않으면 소용이 없다는 것입니다. 책을 읽은 후 질문을 통해 아이가 내용을 충분히 이해했는지 확인하고, 거꾸로 아이가 스스로 질문을 만들고 답을 찾도록 이끌어주어야 합니다.

비문학 독서를 확장하려면?

비문학 독서를 확장하는 과정은 단순히 어려운 글을 읽는 것이 아닙니다. 논리적 추론과 비판적 사고를 강화하는 방향으로 이루어져야 합니다. 즉, '더 어려운 책'으로 가는 것이 아니라, '더 깊이 읽는 방식'을 익히는 과정입니다.

비문학 독서의 확장은 단계적으로 이루어집니다. 3~4학년 무렵에는 질문을 통해 사실을 확인하는 것이 중요한 반면, 5~6학년은 정보를 비교하고 원인과 결과를 찾아 맥락을 이해하며 순서대로 정리하는 연습이 필요합니다. 그 이후에는 비판적으로 검토하고 논증하는 경험을 할 수 있습니다.

- 1단계 : 비문학의 기본 구조를 익히고, 쉽고 흥미로운 정보 글을 읽으며 내용을 정확하게 파악하는 연습
- 2단계 : 글의 내용을 확인하는 수준을 넘어, 글의 핵심을 파악하고 글 속 관계 및 문제와 해결 방식을 분석하는 연습
- 3단계 : 논리적 사고를 바탕으로 비판적으로 독해하며 추론해보는 과정

비문학 읽기는 한 번에 뛰어넘는 과정이 아니라 차근차근 단계를 밟아야 하는 과정이라는 것을 기억해주세요. 쉬운 책부터 시작해 '해볼 만하다'라는 생각이 들게끔 하면서 점차 깊이를 더해가야 합니다. 아이 학년에 맞춘다는 이유로 선정한 어려운 책은 거부반응을 일으킬 수 있습니다.

아이가 글을 통해 정보를 정리하고 분석하는 경험을 제대로 쌓고 있는지 점검하며 자연스럽게 무게를 더해갈 때, 비문학의 가치를 온전히 경험할 수 있습니다. 그러니 아이가 내 마음같이 따라오지 않더라도 본질적힌 힘을 갖출 수 있도록 기다려주세요.

📖 한 권의 책을 읽을 때 생각의 과정을 거치도록 도와주세요

"엄마, 배고파."

"수업 끝나고 떡볶이 먹어야지."

"입을 옷이 없어."

"학교 가기 싫다."

"유튜브 보고 싶어."

"축구하러 가야지."

우리 아이들은 아침에 침대에서 일어난 순간부터 쉴 새 없이 생각을 이어가며 하루를 보냅니다. 걸으면서도 생각하고, 대화하며 생각하고, 수업을 들으면서도, 밥을 먹을 때나 씻을 때도 생각은 계속됩니다. 그런데 지금 하고 있는 '생각'이 '생각' 맞을까요. 위에 쓰인 문장은 생각일까요.

'생각'의 사전적 정의는 '사물을 헤아리고 판단하는 작용'입니다. '사고'란 '생각하고 궁리함'이라 정의되어 있고요. 단어의 뜻에 비추어 보자면 위 문장은 생각이라기보다는 '반응'에 가깝습니다. 우리는 온종일 피곤할 만큼 많은 '생각'을 하고 산다고 믿지만, 실제로는 생각하기보다 어떤 현상에 대해 혹은 자극에 대해 '반응'하며 지내는 순간이 많은 것이죠. 모든 자극에 대해 답을 구할 필요는 없지만, 적어도 그것이 생각인지 단순한 반응인지는 구별할 수 있어야 합니다.

그럼, 생각. 즉 사고란 무엇일까요? '내 앞의 문제를 해결하는 것. 즉, 답을 찾는 과정을 통해 답을 갖는 것'이라고 볼 수 있습니다. 사고는 인간의 인지적 능력에 핵심이 되며 학습, 문제 해결, 자기 성찰, 사회성 키우기, 창의력 발휘하기 등의 모든 활동에서 시작과 끝을 담당

합니다. 또한, 자신과 세상을 깊이 이해하고 더 나은 결정으로 이끌며, 삶을 성숙하게 만듭니다.

사고의 과정이 제대로 이루어지려면 정보를 올바르게 해석하고 활용할 수 있어야 합니다. 정보를 기계적으로 입력하고 출력하는 것이 아니라, 논리적으로 연결해 활용할 수 있는 능력이 필요합니다. 이러한 처리 능력이 바로 '좋은 사고'를 만들어내는 기반입니다.

사고력은 문해력과도 깊은 관계를 맺고 있습니다. 생각하는 힘이 있을 때 아이들은 텍스트의 의미를 똑바로 해석하고 맥락을 파악해 문맥 속 핵심을 정확히 연결할 수 있습니다. 또한 문해력이 뛰어난 아이들은 한층 더 깊은 생각에 다다를 수 있지요. 사고력과 문해력은 이렇게 서로를 강화하며 함께 커나가는 셈입니다.

사고력은 '오늘부터 생각하는 힘을 키워봐야지'라고 마음먹는다고 해서 하루아침에 생겨나는 것이 아닙니다. 나이가 들면 자연스럽게 생각도 깊어질 것 같지만, 꼭 그렇지만은 않습니다. 연습을 통해 생각의 습관을 들이고 단련하지 않으면 나이가 들어도 깊이 있는 사고로 나아가지 못하고 얕은 수준에 머무를 수 있습니다. 생각하는 힘은 습관과 훈련을 통해 체계적으로 길러야 비로소 단단해집니다.

엄마와 함께하는 생각 키우기 연습

초등 3학년 정도가 되면 책 한 권을 통해 생각하는 연습을 충분히 할 수 있습니다. 이 무렵 아이들은 사고가 고정되지 않아 유연하기 때문에, 생각하는 습관을 충분히 내 것으로 만들 수 있습니다. 이때 내실 있게 자리잡은 생각의 힘은 단순히 성적이나 사고력 향상을 넘어 삶의 태도를 바꾸고 생활 전반에 긍정적인 변화를 불러옵니다.

그럼, 책 한 권으로 생각 키우기 연습. 한번 시작해볼까요?

준비물 : 이렇게 준비하세요

- 활동 시간과 장소를 미리 정합니다. 하루 중 아이가 가장 차분한 시간대에 정돈된 분위기에서 활동을 해주세요.
- 책 한 권을 준비해주세요. 책은 아이와 상의해서 미리 골라둡니다.
- 간소한 필기도구도 챙겨주세요.

규칙 : 이렇게 약속하세요

- 처음부터 너무 오랜 시간을 들이지는 말아주세요. 아이가 부담 없이 집중할 수 있는 시간을 정하고, 익숙해지면 점차 시간을 늘립니다.
- 아이가 천천히 생각할 수 있도록 기다려주세요. 재촉하지 않기로 해요.
- 아이의 생각을 처음부터 제한하지 말아주세요. 있는 그대로 들어주세요.
- 정해진 범위 내에서 작은 질문을 해주세요.

실행 : 이렇게 연습하세요

- 책을 읽은 후 아이가 생각을 자유롭게 이야기하도록 해주세요. 짧은 책이라면 한 권을 끝까지 읽고, 글밥이 있는 책이라면 나누어 읽어도 좋습니다. 주제에서 벗어날 때 가볍게 환기시켜 주세요.
- 아이의 생각을 확장할 수 있는 단어를 제시해주세요. 새로운 단어를 통해 연관된 주제로 나아가도록 합니다.
- 아이가 함축적이거나 두루뭉술한 단어를 사용한다면, 구체적이고 쉽게 풀어서 이야기해주세요.
- 책 내용 속에 드러난 문제가 무엇이고, 상황이 어떻게 전개되며, 해결 방법은 무엇인지 이야기해봅니다.
- 아이가 책 속에 등장하는 인물의 입장을 직접 대변하여 말해봅니다.
- 문제를 해결할 대안을 제시하되, 생각의 근거는 읽은 글의 내용에서 찾습니다.
- 글에는 나와 있지 않지만, 지금까지의 내용을 바탕으로 어떤 일이 일어날 가능성이 있는지 합리적으로 추론해봅니다.
- 의견을 말할 때는 어떤 과정을 거쳐 도달했는지 스스로 되짚어봅니다.

책을 통해 생각을 키우는 연습을 할 때 중요한 것은 정확한 답을 구하는 것이 아니라, 사고의 흐름을 자연스럽게 경험하고 익히는 것입니다. 이 과정을 반복하다 보면 아이는 점점 더 능동적으로 생각하게 되고 자신만의 관점을 갖추어나가게 됩니다. 이렇게 생각의 힘이 단단하게 뿌리 내린 아이들은, 어렵거나 생소한 글을 만나도 호기심을 가지고 뛰어듭니다. 그리고 자신의 생각을 흔들림 없이 올곧게 써내려갈 수 있을 테고요. 무엇보다 생각의 힘은 주체적인 삶을 꾸려나가는 데 꼭 필요한 자질입니다.

📖 공부에 밀려 읽기와 쓰기를 놓지 않도록 해주세요

어릴 때는 엄마 무릎에 앉아 엄마가 읽어주는 책 속 이야기에 귀를 기울이던 아이는, 초등학교에 입학하고 저학년을 벗어나게 되면서 책에서 멀어지기 시작합니다. 재미있는 것들이 너무 많기도 하고, 학원과 학습지 등 공부에 들이는 시간이 늘어나다 보니 책 읽는 시간은 자연히 줄어들 수밖에 없습니다. 엄마 입장에서도 이제부터는 고삐를 슬슬 조여야겠다는 생각이 듭니다. 학원에 등록하고 몇 시간씩 공부하고 돌아오는 아이를 보면 해야 할 걸 한 것 같아 마음이 한결 가벼워집니다.

하지만 여기서 부모님들이 기억해야 할 중요한 사실이 있습니다. 텍스트에 대한 기본기가 없는 아이들에게 공부는 무척 어려운 일이라는 것입니다. 문제를 분석하거나 출제자의 의도를 파악하는 것까지는 바라지 않습니다. 한 문장 한 문장 쉽게 읽고 이해되어 넘어가지 못하니 학년이 올라갈수록 공부는 점점 미궁 속으로 빠집니다. 그래서 학업이 중요해지는 시기일수록 읽기 기본기를 탄탄하게 다지는 것은 중요합니다. 고학년이 되어서야 뒤늦게 읽기를 바로 잡으려고 하면 많은 시간과 노력이 필요하게 됩니다. 아이가 중학교, 혹은 고등학교에 입학한다고 생각해보세요. 학원을 줄이는 일은 어지간한 강심장이 아니고는 힘든 일입니다. '초등에서 드는 교육비를 아껴 고등을 대비해야 한다'라는 말이 괜히 나온 것이 아닙니다. 눈에 보이는 성적 때문에 마음은 점점 급해지고 공부와 당장 관련이 없다고 생각되는 책은 선택지에서 사라집니다. 공부를 잘하는 아이들도 마찬가지죠. 성적이 곧잘 나오는 아이들은 계속 상위권을 유지해야 한다는 또 다른 이유로 책을 놓습니다.

하지만 안타깝게도 읽는 힘은 읽지 않는 순간부터 서서히 약해지기 시작합니다. 특히 초등 3~4학년의 시기는 이 읽는 힘을 집중적으로 단련해야 하는 중요한 시기입니다. 다양하고 깊이 있는 텍스트를 꾸준히 읽고 이해하려는 노력을 지속해나갈 수 있도록 도와주세요. 이러한 과정이 쌓이면, 아이는 고학년이 되어 교과서나 외부 지문처럼 난도가 높은 글을 만나더라도 당황하거나 긴장하지 않고 차분하게 이해할 수 있게 됩니다. 또한 책을 통해 갖추어진 배경지식은 여러 교과목 속의 흩어지고 끊어진 정보들을 하나로 엮어 이해할 수 있게 해줍니다.

독서가 공부를 대신한다는 이야기를 하려는 것이 아닙니다. 실제로 그렇지도 않고요. 독서를 열심히 하는 아이가 공부도 잘한다는 이야기는 맞기도 하고 틀리기도 합니다. 읽는 힘과 쓰는 힘은 인간의 사고를 확대하고 성장시키니까요. 그러니 독서는 학습을 위한 기본 토대입니다. 기본 토대가 바르게 잡혀있지 않다면 그 위에 쌓이는 학습은 불안하기 짝이 없겠지요.

독서는 사고의 도구이고, 공부는 사고를 통해 습득하고 적용하는 활동입니다. 올바로 사고할 수 있을 때 그 기반 위에서 학습한 내용들이 차곡차곡 쌓입니다. 다시 말하지만, 독서는 공부를 대신할 수 없습니다. 다만, 공부를 잘할 수 있는 힘을 길러주는 것입니다.

'나'를 확인하는 방법, 쓰기

초3부터는 읽기 외에도 쓰기 역량을 키워주시길 권합니다. 쓰기는 한마디로 '객관화'입니다. 내가 제대로 읽었는지, 혹은 읽은 글을 얼마나 이해했는지를 확인해볼 수 있는 가장 쉬운 방법입니다. 쓰기 연습을 할 때는 꼭 책을 읽고 쓰지 않아도 됩니다. 어떤 종류의 텍스트든 방금 읽은 내용을 가볍게 요약만 해봐도 글의 내용을 제대로 이해했는지, 주제를 파악했는지 알 수 있습니다.

그런 면에서 쓰기는 일종의 '확인'이기도 합니다. 읽은 글에 관해 소감을 이야기하거나 내 주장을 펼치기 전에, 머릿속을 점검하고 보완할 수 있습니다. 글을 읽고 그 내용을 요약하여 써보는 연습을 꾸준히 시켜주세요. 쓰기 연습을 병행할 때 읽기 능력을 한층 끌어올릴 수 있습니다.

물론 아이에게 처음부터 글을 요약해보라거나 생각을 써보라고 하면 아이는 당황합니다. 실제로 '쓰기'는 읽기가 제대로 된다는 전제하에 가능한 것이니까요. 글이 전달하는 메시지를 이해하지 못한 상태에서는 제대로 된 쓰기가 나올 수 없습니다. 그러니, 읽기 능력을 충분히 다진 후에, 아이의 수준에 맞는 쓰기로 자연스럽게 연결 짓는 것이 중요합니다.

어떤 아이들은 연필을 움직여 쓰기 시작하는 것을 유독 힘들어하곤 합니다. 이때는 아이가 생각을 자신 있게 드러내도록, 부모님이 곁에서 가벼운 질문으로 거들어주시면 좋습니다.

"책에서 누가 제일 마음에 들었어? 이유는?"
"너라면 이 상황에서 어떤 선택을 할 것 같아?"
"지금 주인공은 이 사건을 어떻게 생각할까?"
"친구에게 이 책의 어느 부분을 이야기해주고 싶니?"
"혹시 작가에게 물어보고 싶은 질문이 있어?"
"이 책과 비슷한 이야기를 알고 있다면 소개해줄래? 어떤 부분에서 비슷하게 느꼈는지도 말해줘."

만약 아이가 읽은 것을 정확하게 이해하고 요약하여 쓸 수 있다면, 이제 시선이 담긴 글쓰기를 할 수 있습니다. 나만의 생각을 덧입히기도 하고 비판적 사고를 할 수도 있지요. 쓰기 또한 읽기처럼 다양한 방향과 깊이로 확장해나갈 수 있습니다. 글을 한 편이라도 제대로 써본 사람은 한 편의 글이 나를 얼마나 성장시키는지 잘 알고 있습니다. 아이들에게 쓰기를 놓지 말라고 하는 이유입니다.

읽고 쓰기 힘든 우리 아이,
어떻게 도와야 할까요?

📖 읽지만 읽지 못하는 서준이

초3 서준이는 교실에 들어설 때부터 시선을 끄는 아이였습니다. 잘생긴 얼굴에 생글생글 웃는 표정이 더해져, 한층 환한 인상을 주었습니다.

"어머니 좋으시겠어요. 아이가 어쩜 이렇게 예뻐요?"

수업 이야기는 둘째 치고 자식을 키우는 엄마로서 부러움의 탄성이 먼저 나왔습니다. 서준이 엄마는 이런 칭찬에 익숙한 듯 미소 짓더니, 이내 진지한 말투로 걱정을 털어놓습니다.

"그런데요, 선생님. 서준이가 글을 잘 이해하지 못하는 것 같아요."

저도 자세를 가다듬고 귀를 기울입니다.

"아, 네. 왜 그런 느낌을 받으셨을까요? 구체적으로 어떤 부분에서 그렇게 느끼셨나요?"

"수학 문제를 풀 때도 계산을 못하는 게 아니라, 문제 자체를 이해 못하는 거예요. 서술형 문제는 특히 더 그렇고요."

"서준이가 평소에 책을 얼마나 읽나요? 책 읽기를 좋아하는 편일까요?"

"아뇨, 읽기는 읽지만 좋아하는 건 아닌 거 같아요."

아이에 관한 이야기를 간략히 마친 후 서준이와 마주 앉았습니다. 자세도 바르고 대답도 잘하는 서준이는 겉보기엔 아무런 문제가 없어 보입니다. 보통 초3 남자아이들은 에너지와 장난기가 넘쳐서 수업 준비를 하기까지 시간이 오래 걸리기도 하는데 서준이는 전혀 그렇지 않았습니다.

'엄마 기준이 너무 높은 걸 수도 있어. 또래보다 못하는 것이 아니라 엄마 기준에 미치지 못하는 게 아닐까?'

은근히 기대감을 높이며, 아이에게 짧은 지문을 건넸습니다. 초등학교 2학년 정도면 읽고 답할 수 있는 내용입니다.

"서준아, 이 글을 읽고 아래 적혀 있는 문제 네 개 보이지? 그거 풀어볼 수 있을까? 글은 소리 내서 읽어도 되고 속으로 읽어도 돼."

서준이는 소리 내지 않고 읽는 쪽을 택했습니다. 10분이면 충분히 읽고 문제를 풀 수 있을 법한데 서준이는 그보다 훨씬 오랫동안 지문만 쳐다보고 있습니다.

"서준아, 다 읽었으면 이제 문제 풀어볼까?"

서준이가 써낸 답을 확인하니 4문제 중 2개를 맞췄습니다. 엄마의 걱정이 과한 것이 아니라는 생각이 슬슬 들기 시작합니다. 아이에게 지문을 소리 내어 읽어보게 했습니다. 더듬더듬 읽기도 하고 중간에 글자를 빼먹기도 합니다. 틀리게 읽는 글자도 많고요. 읽기 속도도 느리고 정확하지 않았습니다.

서준이는 '읽기의 유창성'이 일반적인 초등 3학년 수준에 한참 못 미치는 상태였습니다. 서준이의 현재 상태를 이해하기 위해, 먼저 '읽기의 유창성'이 무엇인지 짚고 넘어갈 필요가 있습니다. 읽기 유창성은 단순히 글자를 소리 내어 읽는 것을 넘어 '배움을 위한 읽기'의 기초가 되는 핵심 역량입니다. 이 분야의 대가인 티모시 라신스키(Timothy Rasinski) 교수는 읽기 유창성에 관해 다음과 같이 정의 내립니다.

"많은 노력을 기울이지 않고 빠르고 정확하고 표현력 있게 글을 읽어내는 능력"

즉, 읽기 유창성이란, 글의 의미를 완전히 이해한 상태에서 말하듯 자연스럽게 읽는 능력입니다. 초등학교 3학년이라면 분당 약 64어절, 또는 227음절을 정확하게 읽는 것이 일반적인 읽기 유창성 수준입니다.[4] 구체적으로 어느 정도의 읽기 능력을 보여야 하는지, 교육과정을 살펴볼까요? 교육과정에서 제시하는 초등학교 3학년의 읽기 능력 성취 기준은 다음과 같습니다.

- 중심 생각 파악: 문단과 글의 중심 생각을 파악한다.
- 내용 간추리기: 글의 유형을 고려하여 대강의 내용을 간추린다.
- 의미 추론: 글에서 낱말의 의미나 생략된 내용을 짐작한다.
- 사실과 의견 구별: 글을 읽고 사실과 의견을 구별한다.

초등학교 3학년이라면 글의 중심 생각을 파악하고, 어휘의 의미를 짐작하여 글 속의 정보와 글쓴이의 생각을 파악할 수 있어야 한다는 것이죠. 이를 위해서는 읽기 유창성이 충분히 발달해야 함은 물론입니다. 종합하자면, 서준이는 현재 초등 3학년 과정에 있다고 보기 어려웠습니다. 서준이처럼 읽기 유창성과 읽기 능력이 떨어지는 아이들에게 다음과 같은 특징이 나타납니다.

- 글을 읽는 속도가 느리고 단어를 해독하는 데 어려움을 겪는다.
- 읽는 과정에서 단어를 생략하거나 다른 단어로 대체하고, 단어의 일부를 잘못 읽는 등의 오류를 보인다.

---

4 김동일, 「기초학습기능 수행평가체제 읽기검사」(학지사, 2008)
정재석 외, 「읽기 자신감 4권. 해독연습」(좋은교사 출판부, 2014)

- 단어의 의미를 정확하게 해석하고 이해하는 어휘력이 부족하다.
- 이 모든 요소가 복합적으로 작용해 글의 전체적인 내용을 파악하는 데 어려움을 겪는다.

　서준이처럼 글을 읽기는 하지만 잘 이해하지 못하는 경우에는, 단어 하나하나를 힘겹게 소화하기 때문에 여기에 많은 에너지가 듭니다. 유창성이 높은 아이들이 개별 단어의 의미에 신경 쓰지 않고 전체 문맥을 이해하는 데 집중하는 것과는 확실히 차이를 보이지요. 근거를 바탕으로 생략된 정보나 의미를 추론하는 추론적 사고는 더더군다나 활성화되기 어렵습니다.

　다행스러운 사실은, 읽기 능력이 하루아침에 향상되지는 않지만 올바른 방법을 꾸준히 실천한다면 충분히 개선될 수 있다는 것입니다. 게다가 서준이는 이제 초3이기 때문에 시기적으로도 결코 늦지 않습니다. 서준이 같은 아이들은 다음과 같은 읽기 훈련을 꾸준히 할 것을 권합니다.

읽기 유창성을 높이려면?

1. 소리 내어 반복 읽기

같은 글을 여러 번 읽으며 읽기 속도와 정확도를 높이는 방법입니다. 쉽고 짧은 글을 하루 3~4번 반복해 읽으며 속도와 정확성을 점검하며 유창성을 향상합니다. 매일매일 짧은 시간 지속해 읽는 것이 익숙해지면 점점 더 높은 단계의 책으로 바꾸어 문장의 길이와 어휘의 수준을 높입니다. 부모님이 아이의 읽기 속도를 조절해주면서 적절한 피드백을 주는 것도 좋습니다.

2. 문단 이해하기

문단의 개념을 이해하고 문단 읽기를 통해 전체적인 내용 파악을 할 수 있도록 합니다. 단어 하나하나에 집중하면 맥락을 읽는 힘이 약해집니다. 이 부분을 보완할 수 있도록 짧은 비문학 텍스트를 선정해 문단을 나누고, 각 문단에서 중심 내용을 읽는 노력을 지속해야 합니다.

3. 어휘 익히기

아이가 이해하지 못하는 단어들을 따로 정리하고, 문맥 속에서 활용하며 의미를 유추하는 연습을 합니다.

4. 묻고 답하기

단순히 읽고 끝내는 것이 아니라, 글의 주요 내용을 아이에게 물어서 제대로 이해했는지 확인합니다. "이 장의 중심 내용은 무엇일까?", "이 문장에서 가장 중요한 단어는 무엇일까?"와 같은 질문을 활용해도 좋고, 아이가 직접 질문을 만들어보도록 하는 것도 좋습니다. 아이가 만든 질문은 글에 대한 이해도를 직접 확인할 수 있는 좋은 방법입니다.

읽기 유창성은 국어 과목에만 국한된 능력이 아닙니다. 모든 학습의 기초가 되며, 아이들의 사고력과 문제 해결력, 더 나아가 미래의 학습 역량을 결정하는 중요한 요소입니다. 같은 학년이라도 읽기 능력의 차이가 나타나는 것은, 아이의 인지적인 문제뿐 아니라 환경과 습관, 그리고 학습 방법의 차이에서 비롯됩니다. 타고나기를 책을 좋아하는 아이라면 참 좋겠지만, 초등 2학년까지 아이의 책 읽기를 공들였음에도 독서를 즐기지 않는다면 이제 '제대로 읽기'에 집중해야 합니다.

읽기는 단순한 기술이 아니라, 아이들의 사고력과 학습 능력을 키우는 가장 중요한 도구입니다. 지금 바로, 아이들의 읽기 습관을 점검하고 작은 변화에 집중해보세요. 아이의 학습 로드맵이 바뀌는 건 바로 지금부터입니다.

📖 머리는 일시 정지, 손으로만 쓰는 주안이

얼마 전 교실에 합류한 주안이는 '맑다'라는 표현이 딱 어울리는 초등 4학년 어린이입니다. 발랄하고 통통 튀는 이 꼬마 숙녀는 수업이 힘들어지면 재치 있는 말로 분위기를 풀어주고 힘든 글쓰기도 투덜거리지 않고 마칩니다. 주어진 것들을 끝까지 해내는 책임감 있는 아이지요.

글쓰기를 처음 시켰던 날도 큰소리로 "네!" 하고 대답하곤 곧장 연필을 들었습니다. 그날의 주제는 '문화유산과 무형유산'에 관한 글을 읽고 각각의 차이점과 특징을 설명하는 글이었습니다. 내용은 초등학교 4학년 사회 교과서에서 다루는 주제로 크게 어렵지 않은 수준이었고요. 올바른 답의 예시는 다음과 같습니다.

국가유산은 크게 문화유산과 무형유산으로 나눌 수 있다

차이점	문화유산	실제로 볼 수 있는 유산
	무형유산	모양이 없고 눈에 보이지 않는 유산
특징	문화유산	오래된 건축물, 유물, 유적이 여기에 속한다. 우리나라의 문화유산으로는 경복궁, 석굴암, 고려청자, 훈민정음 해례본, 팔만대장경 등이 있다.
	무형유산	사람들에게 전해 내려오는 기술이나 지식이 여기에 속한다. 우리나라의 무형유산으로는 강강술래, 판소리, 씨름, 김장 문화, 전통 공예 등이 있다.

주안이의 답은 어땠을까요? 시작은 시원시원합니다. 질문 하나 없이 곧바로 글쓰기에 돌입한 주안이는 폭풍처럼 글을 써 내려갑니다. 어떻게 쓰고 있나 궁금해져서 슬쩍 곁눈질을 하고선, 애써 놀란 기색을 지웠습니다.

주안이의 글은 질문에 대한 답이라고 하기 힘들었습니다. 단어와 문장을 눈에 보이는 대로 무의미하게 연결해놓아서, 아이가 단어의 의미를 정확히 알고 사용하는 것인지조차 분간할 수 없었습니다. 방향 없이 되는 대로 흩어진 글이었습니다. 아래는 주안이가 쓴 실제 답안입니다.

옛날에 서울에는 임금님이 머물던 경복궁이 있었고 판소리 공연도 했는데 판소리는 국가유산이다. 그림이나 조각처럼 형태가 있는 것이다. 경복궁, 석굴암, 고려청자, 훈민정음 해례본, 팔만대장경 등이 있다. 그리고 강강술래, 판소리, 씨름, 김장 문화, 전통 공예 등이 있다. 모시 옷은 조상들의 슬기를 엿볼 수 있다.

글을 마무리한 아이에게 물었습니다.

"어때? 질문에 맞게 잘 쓴 것 같아?"
"네, 잘 쓴 것 같아요."
"질문이 뭐였는지 다시 한번 읽어볼래?"

질문을 다시 읽은 후 주안이는 이유를 모르겠다는 눈으로 저를 바라보았습니다. 최선을 다해 열심히 길게 썼으니 스스로 잘했다고 생각하는 눈치였습니다. 하지만 아이는 자신이 무엇을 읽고 썼는지 정확히 알지 못하는 상황이었습니다.

앞에서도 이야기했듯이, 읽기와 쓰기는 밀접한 관련이 있습니다. 내가 읽은 글을 얼마나 잘 이해했는지 확인해보는 가장 좋은 방법은 이해한 대로 써보는 것이죠. 그런데 주안이는 읽기에서 쓰기로 연결되는 과정에서 필요한 도구들을 꺼내어 쓰지 못했습니다. 내용 파악하기, 근거를 바탕으로 사실을 정리하기, 적절한 단어를 사용해 대표 단어로 묶기 등 그 어떤 것도 말이지요.

아이를 관찰해보니 막히는 단어가 나올 때면 읽기를 중단하고, 내용이 조금이라도 복잡하면 생각은 금세 다른 곳으로 옮겨가곤 했습니다. 겉으로 보기엔 주어진 과제를 성실히 이행하는 것처럼 보이지만, 실제로 머리는 아무런 처리 과정을 거치지 않은 채 손만 움직이는 상황이었습니다. 어떤 내용을 읽었는지 모르고 정리할 수 없다면, 읽은 것이라고 보기 어렵습니다. 한마디로 주안이는 '읽는 힘'이 없었습니다.

주안이는 다정하고 성실한 아이입니다. 그 사실은 변함이 없죠. 하지만 주안이가 해낸 과제는 성실하다는 느낌을 주지 못합니다. 성격이 급한 주안이는 숙제를 마치는 것은 잊지 않지만, 숙제의 내용은 중요하지 않습니다. 주어진 일을 완료한다는 사실이 아이에게는 더 중요합니다. 이를테면, 수학 숙제를 정해진 곳까지 마치지만 풀이를 완성하지 못하고 별표를 잔뜩 그려놓은 격입니다.

주안이에게 제일 힘든 건 문제를 해결하기 위해 오랫동안 생각하는 것입니다. 빠르게 대충 생각하고 숙제를 끝내면 선생님이나 엄마에게 잔소리를 듣지 않아도 되지만, 숙제를 마무리 짓지 못하면 혼이 나거든요. 이런 순간들이 쌓여 주안이의 사고와 행동 방식을 만들었습니다. 주안이로서는 내가 지금 어떤 내용을 읽고 있는지, 글이 어떤 주제를 담고 있는지 생각을 정리하고 진득하게 찾아가야 하는 비문학 읽기는 어려웠을 것입니다.

이렇게 힘든 상황만 모면하고자 하는 사고방식이 길들고 나면, 시간이 흐를수록 고치기가 더 어려워집니다. 많은 부모님들이 이 부분을 놓치곤 합니다. 아이의 모국어 읽고 쓰기에 별다른 문제가 없어 보이면, 읽기에 따로 신경 쓰지 않아도 된다고 생각하기 쉽습니다. 이때는 아이의 진짜 읽기 실력이 가려져 있어서 보이지 않기 때문입니다. 그러다가 중학교 입학 후 시험을 통해 성적이 확인되는 시점에서야 비로소 아이의 문해력 문제를 마주하게 되는 경우가 적지 않습니다. 학교 재량인 자유 학기제에는 시험을 치지 않으니 보통 중학교 1학년 1학기 혹은 2학기 중간고사 즈음이 됩니다.

이때의 성적은 어느 한순간의 노력으로 나오는 것이 아닙니다. 초등학교 때부터 축적된 태도에서 나옵니다. 그러니 가장 중요한 초등 시기에 어렵더라도 제대로 된 읽기 태도와 사고의 습관을 세우는 일은 무척 중요합니다. 그 태도가 고학년 이후의 학업에 토대가 되는 것은 물론이고 아이의 인생 전체를 관통하는 철학과 마음가짐을 이루게 될 테니까요.

읽기 지구력을 키우는 엄마의 질문법

주안이와 같은 경우에는, 글을 제대로 읽었는지 부모님이 일일이 확인해주어야 합니다. 가장 간단한 방법은 아이가 무엇을 '근거'로 답했는지 물어보는 것입니다.

예를 들어, 안창호 전기를 읽었다면 아이에게 이렇게 묻는 것이 보통이지요.

"미국에 머무르던 안창호는 나라가 위태롭다는 소식에 부랴부랴 우리나라로 돌아왔어. 미국에서 돌아온 안창호는 일본에 맞서기 위한 단체를 만들었고. 어떤 단체일까?"

아마 대부분은 '신민회'라고 어렵지 않게 얘기할 것입니다. 답이 뻔하거든요. 그래서 질문은 반대로 해야 효과적입니다.

"신민회는 어떤 이유로 만들어진 단체야?"

이렇게 질문하면 아이는 곧바로 대답하지 못합니다. 책을 다시 읽으며 한참을 생각합니다. 근거를 찾아서 확인해야 하거든요. 이때 신민회가 세워진 이유를 찾아 말할 수 있는 아이도 있고, 틀린 답을 말하는 아이도 있습니다. 책에서 원하는 정보를 정확히 찾지 못하는 경우는 주로 다음과 같은 이유에서 비롯됩니다.

- 특정 단어에만 집착해 문맥을 놓치는 경우
- 헷갈리는 내용을 바로 확인하지 않고 잘못 이해한 내용을 고수하는 경우
- 잘못된 근거로 추론하는 경우

부모님은 아이의 읽기 어려움의 원인을 정확히 파악해서 올바른 읽기 습관과 태도를 길러줄 수 있어야 합니다. 단순히 글을 훑어보는 것에서 벗어나 문장 간의 인과 관계, 핵심 내용, 글의 전개 방식 등을 이

해하며 읽도록 이끌어주세요. 이러한 읽기가 가능해질 때, 아이는 읽기의 지구력을 기르고, 논리적 사고도 함께 확장해나갈 수 있습니다. 부모님은 언제나 아이를 돕는 가장 든든하고 뛰어난 파트너가 될 수 있음을 기억하세요.

📖 조용히 멈춰 선 아이, 민호

교실에 들어온 아이는 담담해 보였습니다. 엄마와 선생님의 대화를 차분히 듣고 있는 중학교 1학년 민호는 '사춘기 남자애 같지 않은데?' 싶을 정도로 첫인상이 유순한 느낌이었습니다. 본격적인 상담을 위해 아이는 먼저 내보내고 엄마와 마주 앉았습니다.

"성적이 많이 안 좋아요. 영어랑 수학은 개인과외를 시키고 있거든요. 선생님들은 시간이 지나면 따라올 수 있다고 하시긴 하는데…."

민호 엄마는 자신이 없는 듯 말을 잇지 못했습니다.

처음 봤던 아이의 모습을 다시 떠올려 보았습니다.

'착한 인상과 조용한 태도, 행동에 동요가 없음.'

특별히 문제 삼을 만한 구석이 보이지 않던 아이였습니다. 학교에서도 다르지 않을 텐데, 성적은 바닥이었습니다. 침착해 보이는 겉모습 뒤에 무슨 문제가 숨어 있는지 궁금증이 일었습니다. 서둘러 민호와 만났습니다.

"안녕, 만나서 반가워. 어떻게 수업에 올 생각을 한 거야? 기특한데. 민호를 좀 더 잘 이해하고 싶어서 몇 가지 물어보려고 해. 대답해줄 수 있지?"

이렇게 운을 뗀 후 가벼운 질문부터 시작했습니다.

"민호, 지난 토요일 오후에 뭐 했어?"

"음…. 모르겠어요. 기억 안 나요."

"아, 그래? 그럴 수 있지. 그럼, 일요일에는? 일요일 오후엔 뭘 했는지 기억나?"

"네."

"그럼, 천천히 생각해보고 얘기해줄래?"

"…."

하지만, 한참이 지나도 민호는 좀처럼 입을 열지 않았습니다. 기억을 떠올리는 데 도움이 될까 싶어, 아이들이 흔히 겪는 주말 일상을 마치 저의 이야기인 것처럼 자연스럽게 들려주었습니다.

"선생님은 말이야, 오전에 드라마 좀 보다가 가족들이랑 외출했어. 점심 먹고 저수지 주변 산책도 하고, 이쁜 카페에서 커피 마시면서 수다도 떨었고. 늦은 오후가 돼서 집에 들어왔어. 민호는 어땠어? 혹시 지난 주말에 뭘 했는지 기억이 났니?"

"아니요."

이상했습니다. 기억이 안 날 순 있지만, 보통의 아이들은 질문을 듣고 기억을 되짚어 보려는 일련의 행동을 취하곤 하는데 민호에게선 그 어떤 시도나 노력이 보이지 않았습니다. 그렇다고 사춘기 아이의 반항 같아 보이지는 않았습니다. 차분하고 성실해 보이는 겉모습과 달리, 아이의 생각이 멈춰 있다는 판단이 들었습니다. 확인이 필요했습니다.

초등 고학년 친구들에게 적합한 수준의 단어로 테스트를 해보기로 했습니다.

'뉘엿뉘엿', '얼버무리다', '우쭐하다', '울며불며'.

네 개의 단어를 제시하고, 이 단어를 넣어 각각 문장을 완성하도록 했습니다. 종이를 받아든 민호는 빠르게 문장을 적어냅니다.

질문에 대한 민호의 답은 이렇습니다.

> '가족 여행을 뉘엿뉘엿 한다.'
> '나는 공부가 어려워서 얼버무리게 됐다.'
> '나는 태권도에 자신감이 우쭐하다.'
> '나는 엄마한테 혼나서 울며불며 운다.'

"민호야. 이 문장들을 소리 내서 읽어볼래?"

혹시 어색하게 느껴지는 부분이 있는지 물었지만, 돌아온 대답은 '없어요'였습니다. 같은 단어를 사용해 직접 문장을 만들어 보여주었지만, 민호는 별다른 반응을 보이지 않았습니다. 민호 자신이 만든 문장과 제가 제시한 문장의 차이를 느끼지 못하는 듯했습니다.

좀 더 면밀하게 확인할 필요가 있었습니다. 짧은 텍스트의 의미 읽기가 가능한지, 내용을 임의로 생략하거나 삽입하지 않는지, 읽은 내용을 기억해 순서대로 말할 수 있는지를 점검했습니다. 중심 내용과 세부 내용, 원인과 결과 혹은 사건의 진행을 얼마나 차례대로 말할 수 있는지 살펴보고 추론 능력을 파악했습니다.

아이는 어느 것 하나 제대로 해내지 못했습니다. 안 되겠다 싶어, 지문의 난이도를 결국 초등학교 2학년 수준까지 낮춰보았습니다. 결과를 확인하는 순간, 몸이 붕 뜨는 느낌이 들었습니다. 중1 민호는 초등 2학년 수준의 단어와 텍스트도 이해하기 어려웠던 것입니다. 겉보기에는 평범한 중학생처럼 보이는, 아니 또래 중 누구보다도 멀끔해 보이는 이 아이는 현재 심각한 문제에 부딪혀 있다는 사실을 깨닫게 되었습니다.

민호의 어머니는 아이의 현재 상태에 대해 얼마나 알고 있을까 싶었습니다. 물어보니, 엄마는 그저 민호가 공부에 흥미가 없다고 생각하는 모양이었습니다. 그리고 아이와 관계가 나빠질 것을 우려해, 학습적인 문제를 굳이 들추려 하지 않는다고 합니다. 사실 민호는 어디에서나 큰 말썽 없이, 별 탈 없이 지내주었기에 어른들에게는 손이 안 가는 편한 아이였을 겁니다. 그랬기 때문에 누구도 이 아이의 문제를 유심히 보지 않고 지나쳤을 거라는 생각이 들었습니다.

어른들은 두 번 생각하지 않고 '공부 못하는 아이'라는 꼬리표를 민호에게 붙여주었습니다. 그러나 이 아이를 단순히 '공부 못하는 아이'로 보는 것은 맞지 않습니다. 근본적인 이유가 무엇인지 깊이 살펴야 합니다. 공부에 흥미가 없거나 노력을 기울이지 않아 발생한 문제가 아니기 때문입니다. 민호에게 필요한 것은 학습 능력 자체에 대한 점검과 지원입니다. 그동안 주변에서 "큰 문제 없다", "때 되면 한다"라고 얘기했을지 모르지만 실제로는 중요한 부분이 계속해서 비어 있었던 것입니다.

더디더라도 꾸준히 차곡차곡

아이가 글을 읽고 의미를 이해하며 자신의 언어로 정리해 쓰는 능력은 모든 학습의 기초가 됩니다. 단순히 국어 과목에만 국한된 것이 아니라, 수학, 과학, 사회 등 학문의 전 영역에 걸쳐 필요한 능력입니다. 민호는 이 기본적인 능력을 충분히 갖추지 못한 상태에서 더 어려운 학습 과제를 맞닥뜨린 것입니다.

민호는 중학교 1학년 수업 시간에 배우는 정규 교과과정이 벅찼을 것입니다. 얌전히 앉아 바른 태도로 선생님 말씀을 경청하겠지만, 실제로 아이의 머릿속에서는 어떤 회로도 돌아가지 않은 채 멍한 상태를 유지했겠지요. 이해하지 못하는 수업 시간이 지옥일 법한데도 아이는 특유의 착한 성품으로 용케 그 시간을 견디는 중입니다.

읽기 발달에 관한 연구에 따르면, 중학교 1~2학년 시기는 기본적인 읽기 능력이 이미 완성된 단계입니다. 주로 새로운 지식과 정보를 위해서 읽게 되며, '듣기'나 '보기'보다 '읽기'를 통해 배우는 것이 더

효율적인 시기입니다.[5] 이때 적절한 발달단계로 나아가지 못한 학생들은 학습 결손이 누적된 상황에서 갑자기 어려워진 교육과정을 소화하지 못해 읽기 수준의 차이가 점점 더 벌어지게 되지요. 또 중학교 시기는 정서적으로도 급변하는 시기이기 때문에 학습 부진으로 자아존중감이 떨어지게 되면 이후 다른 문제로 이어질 가능성도 큽니다.[6]

물론 아이마다 타고난 학습 능력은 차이가 있습니다. 하지만, 중요한 것은 부모님이 우리 아이의 성향과 상태를 가능한 한 이른 시기부터 정확히 파악하는 일입니다. 아이의 평소 행동, 대화하는 방식, 사고하는 과정, 읽고 쓰는 태도, 그리고 텍스트를 얼마나 이해하고 체계적으로 정리할 수 있는지를 꾸준히 살펴야 합니다.

이러한 과정을 통해 아이의 학습적 특성과 필요를 이해하게 되면, 비로소 아이에게 맞는 방향으로 도움을 줄 수 있습니다. 부모는 그 누구보다 아이를 깊이 이해할 수 있는 존재이며, 이해가 바탕이 될 때 아이를 성장으로 이끄는 진정한 안내자가 될 수 있습니다.

만약 아이가 타고나기를 학습적 발달이 더디고, 책을 좋아하지 않는 성향이라면 어떻게 해야 할까요? 비록 책을 거부하는 아이라 해도 책과 완전히 멀어지지 않도록 꾸준히 연결해주려는 노력이 필요합니다. 꼭 베스트셀러, 학년별 추천 도서를 읽히지 않아도 괜찮습니다. 사

5   김유미, 「읽기 부진의 양상과 지도 방안 연구」(서울 대학교 대학원, 2004)
6   장은정, 「중학생 읽기부진학생 특성 연구」(한국 교원 대학교 대학원, 2017)

실 10살, 11살, 12살의 연령에 딱 맞아 떨어지는 책이 따로 있는 것도 아닙니다. 그러니 아이가 읽고 싶은 책, 엄마가 읽히고 싶은 책 어떤 것도 좋습니다. 아이의 수준보다 쉬운 책부터 시작해, 부담 없이 차분히 읽어나가게 해주세요.

하지만 그곳에 쭉 머물러선 안 됩니다. 글밥을 서서히 늘려가고, 접해보지 않은 주제나 분야의 책을 시도하고 도전해보아야 합니다. 좀 더 깊이 있는 내용으로 꾸준히 확장해나가야 합니다. 이렇게 읽기 연습이 쌓이다 보면 문맥을 읽는 힘이 생기고 활용하는 어휘도 점차 풍성해질 것입니다.

독서는 한 번의 경험으로 끝나는 것이 아닙니다. 반복되는 과정을 통해 성장하는 활동입니다. 읽는 과정 속에서 아이는 새로운 관점을 배우고, 복잡한 문제를 다루는 판단력과 추론하는 능력을 함께 키워나가게 됩니다.

머릿속 지도 만들기 연습

민호는 어휘를 문맥에 맞게 사용하는 능력이 상당히 떨어졌습니다. 그래서 민호가 만든 문장은 표현이 어색하고 의미도 모호했습니다. 대화를 나눌 때는 큰 문제가 없지만 글을 쓸 때는 아이의 상태가 가감 없이 드러났습니다. 민호처럼 머릿속 생각이 정리되지 않아 말할 내용이나 표현 순서를 잡지 못하고 길을 잃는 아이들이 있습니다. 일정한 순서에 따라 생각을 정렬하고 금세 꺼내기가 쉽지 않죠. 이런 아이들은 전달하고자 하는 내용을 차근차근 정리하고, 말이나 글로 자연스럽게 연결하는 훈련이 필요합니다. 민호가 '지난 주말에 무엇을 했는지'를 떠올리기 위해서는 자신의 행동을 아침부터 차례로 되짚어야 합니다. 주변 상황이나 단서를 활용해 퍼즐 조각을 맞추듯 기억을 복원해야 합니다. 필요한 정보는 적극적으로 떠올리고, 불필요한 정보는 걸러내며 스스로 답에 대한 길을 만들어야 합니다.

민호는 머릿속 체계와 순서를 세우는 연습, '머릿속 지도 만들기'가 필요합니다. 책 한 권, 또는 영화 한 편, 혹은 짧은 유튜브 영상 하나만으로 일상에서 바로 시작할 수 있습니다.

오늘 읽은 짧은 글, 유튜브의 30분짜리 영화 리뷰 영상을 바탕으로
① 시간순
② 사건순
③ 인물 순서대로 내용을 정리하고 설명하는 연습을 하는 것이죠. 꾸준히 연습하고 반복하다 보면 어느 순간, 사고의 흐름이 명확해지고 언어 표현력도 눈에 띄게 달라질 것입니다.

민호와 민호의 부모님은 지금 눈으로 확인한 결과 때문에 불안하고 조급할 수 있습니다. 그러나 중요한 것은 지금부터라도 민호가 가진 가능성을 믿고, 부족한 부분을 채워나가는 것입니다. 아이의 현재 수준을 그대로 인정하고 한 단계씩 성실히 올라갈 수 있도록 도와주어

야 합니다. 부모의 일관된 관심과 지지는 민호가 스스로 성장할 수 있는 든든한 발판이 될 것입 니다.

아이가 세상을 바라보는 방식과 속도를 존중하되, '자신의 힘으로 문제를 해결할 줄 아는 아이'로 키우는 것, 그것이 진정한 의미의 교육 아닐까요.

·PART 2·

독서 솔루션 1단계_기본기

: 듣기, 묻고 답하기, 어휘력 키우기

제대로 읽기 위해 먼저
'듣기 힘'을 다져요

📖 잘 듣지 않는 아이는 잘 읽기 힘든 이유

하루를 마치고 집으로 돌아온 아이는 엄마와 떨어져 보낸 시간 동안 있었던 일들을 얘기하고 싶어서 입이 근질거립니다. 재미있었던 일, 속상했던 일, 친구와 다툰 일, 선생님께 칭찬받은 일…. 너무 많은 사건이 있었거든요. 그런데 이 이야기란 게 말이죠, 들어보신 분들은 아시겠지만 시시콜콜, 미주알고주알. 어른 입장에서는 별 영양가 없는 내용이라 아무리 인내심을 발휘해도 오랜 시간 집중력을 발휘하기가 힘듭니다.

아이는 엄마가 귀를 쫑긋 세우고 박장대소하면서 열정적으로 반응해주길 기대하지만, 사실 엄마도 오늘 하루가 피곤했거든요. 빨리 씻고 쉬고 싶은 마음뿐입니다. 그래도 인내심을 발휘해 최대한 적극적인 리액션을 선보이려 노력합니다. 엄마는 아이의 이야기를 얼마나 기억할 수 있을까요?

이번 장에서는 '듣기'에 관한 이야기를 해볼까 합니다. 독서는 당연하게도 '읽기'라고 생각하지요. 책은 읽는 것이니까요. 그런데 읽기보다 한 단계 앞선 과정이 있습니다. 제대로 읽기 위해 필요한 첫 단계. 바로 '듣기'입니다.

읽기는 매우 적극적인 행동입니다. 스스로의 의지와 노력이 동반되어야 하죠. 그런 읽기에 비해, 듣기는 수동적으로 보입니다. 그런데 듣기가 실제로는 매우 적극적인 행위라는 사실을 아시나요? 상대의 말을 허투루 넘기지 않으려면 귀 기울여 그 의미를 이해하려는 노력이 필요하기 때문입니다. 엄마가 아이의 이야기에 귀를 기울이지 않으면 아이의 목소리가 그저 배경음으로 흘러가는 것처럼요.

언어는 소리→의미→문자의 순서로 발전합니다. 그러니 '듣기'는 읽기를 원활하게 하기 위한, 더 근본적인 이해의 발판이라고 할 수 있습니다. 소리는 문자보다 감각적이어서 더 직관적이고 이해하기도 쉽습니다. 그래서 잘 듣지 못한다면 읽기 단계에서도 곤란을 겪을 가능성이 크지요.

실제로 읽기를 어려워하는 아이들 중에는 듣기에 약한 경우가 많습니다. 복잡하고 까다로운 설명, 이해를 돕기 위한 긴 설명이 나올 때면 건성으로 듣고는 '다 알아들었다'며 어물쩍 넘어가려 합니다. 들은 것을 이해하기 위해 노력하지 않는 아이들은 읽기에서는 한층 더 소극적이고 회피하는 태도를 보이게 마련입니다.

그럼, 우리 아이의 듣기 능력은 어느 정도인지 한번 확인해볼까요?

듣기 능력을 확인하는 쉬운 방법

1. 나이에 맞는 이야기 선택하기

아이에게 적합한 수준의 그림책을 준비합니다. 그림책이 아닌 글줄로
만 된 책이라면, 인과 관계가 뚜렷한 짧은 이야기를 고릅니다. 이때는
책 전체가 아닌, 한 챕터 정도가 좋습니다.

2. 이야기 들려주기

엄마가 아이에게 직접 이야기를 읽어줍니다. 이때 내용에 집중할 수
있도록 차분한 환경을 만들어주세요.

3. 이야기 재구성하기

아이가 들은 이야기를 되살려, 사건이 발생한 순서대로 줄거리를 써
보게 합니다. 아이가 쓰는 것을 어려워한다면 말로 이야기하게 하고
부모님이 받아 적어도 좋습니다.

4. 이야기 비교하기

아이가 정리한 내용과 원래 이야기 내용을 비교해보세요. 사건의 순

서와 내용이 얼마나 일치하는지 함께 확인합니다.

이 과정을 통해 아이의 듣기 이해력과 정보를 순서대로 정리하는 능력을 평가할 수 있습니다. 이때 드문드문이라도 자신 있게 내용을 말해주는 아이가 있는가 하면, 귀찮아하거나 이해하지 못해서 '몰라'라고만 대답하는 아이도 있습니다. 혹은 실제 이야기에서 생략된 내용, 바뀐 내용이 많거나 줄거리가 뒤죽박죽 섞이는 경우도 있습니다. 만약 아이가 이런 신호를 보인다면 아이의 읽기 능력을 차근차근 점검해볼 필요가 있습니다.

📖 듣기와 읽기의 간극을 좁히는 '소리 내어 읽기'

듣기 테스트를 해보았는데, 아이가 들은 내용을 이해하고 정리하는 힘이 부족해 보인다면 어떻게 해야 할까요? 여기 아주 간단하면서도 효과적인 방법이 있습니다. 바로 '소리 내어 읽기'입니다. 소리 내어 읽는 연습을 하면 읽기와 듣기 사이의 간극을 좁힐 수 있습니다. 단순한 읽기 이상의 효과가 있지요. 아이 스스로 글자를 소리로 변환하는 과정에서 자연스럽게 내용에 집중하게 되고, 시각적 정보와 청각적 정보를 결합하게 됩니다. 그래서 이해도가 높아지고 듣기와 읽기 활동에 한층 더 적극적으로 참여하게 됩니다.

또한 아이가 소리 내어 책을 읽는 동안 엄마는 아이의 읽는 소리와 모습을 통해 아이의 문제를 파악할 수 있습니다. 어떤 아이들은 책을 매끄럽게 읽지 못하고 더듬더듬 읽거나, 음절을 올바르게 끊어 읽지 못합니다. 너무 느리게 읽는 아이, 반대로 지나치게 빠르게 읽는 아이도 있지요. 글자를 잘못 읽거나 생략·탈락시키는 경우도 있습니다. 묵독으로는 파악하기 어려운 문제들이 소리 내어 읽기에서는 명확히 드러납니다.

우리 아이가 소리 내어 읽을 때 혹시 다음과 같은 문제가 나타나지 않는지 관찰해주세요.

읽기 문제 체크 리스트

• 읽는 속도가 너무 느리거나 빠르다.
• 소리 내어 읽은 내용이 맞는지 눈으로 되짚지 않는다.
• 의미 단위로 끊어 읽지 못한다.
• 한 단어, 한 글자씩 끊어 읽는다.
• 생략하는 단어가 있다.
• 글자를 잘못 읽는다.
• 생소한 단어를 읽을 때 더듬거리거나 발음이 부정확하다.
• 읽기 속도는 빠르지만, 내용을 이해하지 못한다.

듣기와 읽기에서 나타나는 문제는 인지적 요인은 물론이고 신체적 요인이 복합적으로 작용할 수 있습니다. 신체적 요인으로는 대표적으

로 아래와 같은 문제들을 꼽을 수 있습니다.[4]

읽기 문제의 신체적 요인

- 시지각 능력의 문제 : 눈의 움직임은 아이의 읽기 능력에 큰 영향을 미칩니다. 시력이나 시지각 능력에 문제가 없지만 글을 읽을 때 눈동자의 움직임이 유연하지 못한 경우에도 읽기 문제가 생길 수 있습니다. 시지각 능력의 문제는 정서적 불안으로 생기기도 합니다.
- 청지각 능력의 문제 : 청지각 능력에 문제가 있는 경우 주의가 산만할 수 있습니다. 유전적 요인이나 인지에 문제가 없더라도 어휘력이나 이해력 부족으로 청지각 능력이 떨어질 수 있습니다. 혹은 정서적 문제가 영향을 미치기도 합니다.
- 말하기 능력의 문제 : 소리를 변별하는 능력이 부족한 경우, 남의 말을 듣는 연습이 잘 안 되어 있을 경우에 말하기 능력에 문제가 생길 수 있습니다. 가정에서 사용하는 언어가 부적절할 때도 원인이 되곤 합니다.
- 그밖의 문제 : 집중력 부족, 걱정, 불안, 분노 등의 정서적 문제가 원인이 될 수 있습니다.

아이의 듣기와 읽기 상태를 세심히 살펴서 혹시라도 문제가 있는지, 그렇다면 구체적으로 무엇이 문제인지를 확인해주세요. 부모님이

---

4   정옥년 외, 『다면적 읽기 능력 진단 검사』(학이시습, 2020)

빠르게 개입할수록 아이의 문제를 적극적으로 개선할 수 있으니까요. 초등 저학년 때는 정기적으로 아이를 점검하는 것이 중요합니다. 하루에 10분 정도 '엄마에게 책 읽어주기' 시간을 갖는 것은 좋은 방법입니다. 아이가 읽어주는 이야기를 들으며 읽기 능력뿐 아니라 문장의 이해도, 발음, 어절 구분 능력, 문맥 활용 능력 등을 자연스럽게 확인할 수 있습니다.

이 시간은 아이의 읽기 상태를 파악하는 데 유용할 뿐만 아니라, 정서적으로도 아이에게 긍정적인 영향을 미칩니다. 함께 나눌 이야깃거리가 풍부해지고, 아이의 이야기를 진심으로 듣는 엄마의 태도는 좋은 본보기가 되어서 아이 역시 경청의 태도를 배우며 듣기 능력을 향상하는 데 도움이 되지요.

만약 아이에게 여러 가지 문제가 중복되어 나타난다면 아이의 원래 수준보다 낮은 수준의 책을 선택해 읽게 해주세요. 소리 내어 읽기 연습을 통해서 짧은 글을 읽더라도 온전히 집중하고 소화하여 읽는 경험을 계속하도록 해주세요. 이때 '손가락으로 짚어 가며 읽기'를 병행하는 것도 좋은 방법입니다. 입보다 한 박자 느린 속도로 손가락을 움직여서 텍스트를 한 줄 한 줄 짚으며 읽는 방법입니다. 이렇게 꼭꼭 씹어 천천히 읽을 때 읽기의 질이 높아집니다.

읽기에 서툰 아이들은 소리 내어 읽기를 꺼리는 경향이 있습니다. 자꾸 잘못 읽거나 건너뛰어 읽기도 하고, 의미 단위로 끊어 읽는 것에 어려움을 느끼기도 하거든요. 잘하지 못하는 모습을 들키기 싫은 마음이 들 수도 있습니다. 하지만 '소리 내어 읽기'는 제대로 읽기 위한 첫걸음입니다. 듣기와 읽기가 힘든 아이일수록 소리 내어 읽는 연습에 시간을 할애해주세요. 아이가 읽은 내용을 온전히 이해하고, 글의 구조와 전개를 인지하는 데 큰 도움이 될 거예요. 이 과정을 거칠 때 본격적인 '제대로 읽기'로 수월하게 나아갈 수 있습니다.

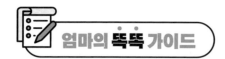

엄마의 똑똑 가이드

1. 제대로 읽기 위한 첫 단계 '듣기 능력'을 아이가 얼마나 잘 갖추었는지 확인해주세요. 한 권의 짧은 책만으로도 듣기 능력을 가늠할 수 있습니다.

2. 듣기 문제는 인지적 요인뿐 아니라 다양한 신체적 요인으로도 생길 수 있습니다. 정확한 원인을 제때 파악하는 것이 중요합니다.

3. '소리 내어 읽기'는 듣는 힘을 키우는 좋은 방법입니다. 저학년일수록 '엄마에게 책 읽어주기 시간'을 꼬박꼬박 가지세요.

잘게 나눈 질문으로 책 내용을 따라가요

📖 "내용이 뭐냐고? 재밌었어!"

엄마는 아이에게 책을 읽으라고 말한 뒤, 곁에서 저녁을 준비합니다. 엄마가 원하는 이상적이고 평화로운 그림입니다. 그렇게 주방에서 한참 분주하게 움직이던 사이 어느샌가 아이는 후다닥 사라졌습니다.

'무슨 책을 이렇게 빨리 읽어?'

대충 읽는 시늉만 한 것 같아 괘씸한 생각이 든 엄마는 어디로 사라졌는지 모를 아이를 향해 소리칩니다.

"예림아, 이리 와봐! 얼른!"

삐죽삐죽 엄마 앞에 선 아이를 향해 엄마의 속사포 랩이 쏟아집니다.

"책 한 권을 어떻게 10분 만에 읽어? 그게 제대로 읽는 거야?"

"아이, 다 읽었다니까."

"무슨 내용인데. 말해봐."

"몰라."

부글부글한 엄마와 달리 아이는 평온합니다.

"어떤 내용인지 몰라?"

"재미있었어."

내용에 관해 물었는데 밑도 끝도 없는 한마디 감상평이라니, 엄마는 이마를 짚습니다.

엄마와 아이 사이에 흔히 벌어지는 상황입니다. 엄마는 아이가 제대로 읽었는지 확인하고 싶습니다. 그러니 다짜고짜 아이에게 "네가 읽은 책 내용을 말해봐"라고 하죠. 하지만 질문을 받은 아이 역시 답답합니다. 책 내용을 한 번에 말할 수가 없거든요. 뭐부터 어떻게 말해야 할지 머릿속이 하얘집니다. 결국 아이가 매번 선택하는 답은 내가 읽은 이야기와 감정을 아우를 수 있는 "재미있었어"가 돼버립니다. 이 대답이 엄마의 폭풍 잔소리를 불러올 것을 아는 아이는 쏜살같이 도망가 버리고 엄마는 다시 혼자 남습니다.

그런데 생각해봅시다. 아이가 어떤 답을 하면 엄마는 '책을 완전히 이해했는데? 이 정도면 앞으로 걱정 없겠어.' 하고 만족하며 아름답게 이 대화를 끝낼 수 있을까요? 그게 가능한 아이들은 사실 많지 않습니다. 책을 어떻게 읽었건 짧고 모호한 답으로 모면하는 경우가 대부분이죠.

만약 엄마에게도 같은 질문을 던져본다면 어떨까요?

"엄마, 지금 읽고 있는 책 무슨 내용이야?"라고 아이가 물었을 때 '봐, 엄마가 이 정도야' 하며 으쓱해질 만큼 똑 부러진 답변을 내놓을 자신이 있으신가요?

제가 하고 싶은 말은, 명확한 답을 끌어내기 위해서는 질문이 명확해야 한다는 사실입니다. '무슨 내용이야?'는 너무 크고 추상적인 질문입니다. 어떻게 대답해야 할지 막막하고 망설이게 되는 그런 질문입니다. 질문이 막연하니 대답도 그에 맞춰 모호해질 수밖에 없지요. 아이가 부담 없이, 그러면서도 성의 있게 자기 생각을 말할 수 있고 엄마도 만족할 만한 답을 얻는 방법을 지금부터 알려드리려 합니다.

아이가 처음부터 책의 전체 내용을 정리해서 말하기는 어렵다는 점을 기억해주세요. 범위와 내용을 한정해서 작게 쪼개면 내용을 쉽게 정돈하고 흐름을 따라갈 수 있습니다. 가장 손쉬운 방법은 주인공을 중심으로 이야기의 흐름을 따라가는 것입니다. 어떤 방법인지 한번 알아볼까요?

📖 책 내용을 조근조근 떠올려볼까?

아이들이 읽는 대부분의 이야기는 여러 사건과 인물이 엮여 주인공의 문제를 해결하는 과정을 다룹니다. 그러니 주인공을 중심에 두고 질문을 주고받으면 훨씬 직관적으로 이야기를 파악할 수 있지요. 집에서 엄마와 아이가 쉽게 해볼 수 있는 〈책 읽기 대화법 10단계〉를 소개합니다. 간단하고도 실용적인 대화법을 통해서 엄마는 구체적인 질문으로 아이가 책의 내용을 정리하고 표현하도록 도울 수 있습니다. 지금부터 주인공, 사건, 해결 과정 등 이야기를 구성하는 주요 요소에 초점을 맞추세요. 그리고 아이가 책의 내용을 쉽게 떠올릴 수 있도록 질문하는 겁니다.

전래동화《나무 그늘을 산 총각》을 예로 들어보겠습니다. 나무의 그늘마저 자기 거라 우기는 욕심쟁이 부자 영감에게 똑똑한 청년이 통쾌하게 복수하는 이야기지요. 초등학교 4학년 교과 연계 도서로 아이들이 좋아하는 재미있는 이야기입니다. 이제, 이 책을 읽은 아이에게 질문을 해보겠습니다. 아이가 내용을 제대로 이해했는지 확인하고, 대화를 풍성하게 이어나가 봅시다.

책 읽기 대화법 10단계

① 주인공이 누구야?

② 주인공은 어디에 살고 있어?

③ 주인공에게 어떤 일이 벌어졌는데?

④ 주인공이 처한 상황은 어떤 것 같아?

⑤ 주인공은 사건을 해결했어?

⑥ 주인공이 문제를 해결할 때 어떤 기분이 들었어?

⑦ 주인공의 말 중 가장 인상적인 부분을 찾아볼래?

⑧ 주인공의 행동 중 기억에 남는 장면은 뭐야?

⑨ 그 행동을 어떤 단어나 문장으로 표현할 수 있을까?

⑩ ⑥번과 ⑨번을 하나로 합쳐서 말해볼까?

　책을 다 읽은 아이의 머릿속은 정보가 이리저리 흩어져 있습니다. 그러니, 하나하나 차근히 풀어내야죠. 위에서 소개한 10단계 질문은 잘게 쪼개어져 있어서 구체적입니다. 또한 주인공의 시점에서 사건이 전개되는 과정을 차근차근 따라가고 있지요. 그러니 아이는 오락가락하지 않고 한번에 한걸음씩 따라올 수 있습니다. 아이가 답을 쉽게 떠올릴 수 있도록 손을 잡고 이끈다고 생각하며, 느긋하게 질문하고 기다려주세요.

　아이는 어떻게 답할까요?

① 주인공이 누구야?

☞ 욕심쟁이 영감과 총각

② 주인공은 어디에 살고 있어?

☞ ○○ 마을

③ 주인공에게 어떤 일이 벌어졌는데?

☞ 느티나무 앞 기와집에 욕심쟁이 영감이 살고 있어. 그런데 느티나무가 영감의 할아버지의 할아버지가 심은 나무라서 그늘도 자기 거라고 총각에게 우기고 있어.

④ 주인공이 처한 상황은 어떤 것 같아?

☞ 영감이 억지를 부려서 어이가 없어. 그래서 영감에게 느티나무 그늘을 팔라고 했어.

⑤ 주인공은 사건을 해결했어?

☞ 응. 욕심쟁이 영감이 총각에게 나무 그늘을 팔았는데 해가 지니까 그늘도 길어진 거야. 그래서 총각은 그늘을 따라 욕심쟁이 영감의 집으로 들어갔어. 영감은 곤란해졌어.

⑥ 주인공이 문제를 해결할 때 어떤 기분이 들었어?

☞ 욕심쟁이 영감이 나무를 자기 거라고 우기는 게 얄미웠는데 총각이 꾀를 내서 영감을 골려줄 때 통쾌한 기분이 들었어.

⑦ 주인공의 말 중 가장 인상적인 부분을 찾아볼래?

☞ "영감님, 제 나무 그늘에서 나가주시지요."

⑧ 주인공의 행동 중 기억에 남는 장면은 뭐야?

☞ 욕심쟁이 영감이 마을을 떠나고 총각이 기와집과 나무 그늘을 쉼터로 만들어서 누구나 쉬어 갈 수 있게 했던 장면.

⑨ 그 행동을 어떤 단어나 문장으로 표현할 수 있을까?

☞ 마을 사람들에게 쉼터를 선물했다.

⑩ ⑥번과 ⑨번을 하나로 합쳐서 말해볼까?

☞ 얄미운 욕심쟁이 영감이 골탕을 먹을 때는 통쾌했는데, 총각이 마을 사람들에게 쉼터를 선물하는 것을 보고 남을 배려하는 멋진 사람이라는 생각이 들었어.

이렇게 단계별로 내용을 정리하면서 엄마는 아이의 생각을 깊숙이 들여다보고 공감할 수 있습니다. 이 단계에서 아이가 정리한 내용을 적절한 단어로 표현하고 대체할 수 있도록 도와주세요. 새로운 단어를 접하며 어휘력을 확장하는 좋은 기회가 됩니다.

〈책 읽기 대화법 10단계〉를 연습하면 똑같은 책을 읽더라도, 책의 주제를 한층 더 명확히 이해하고 쉽게 도달할 수 있는 힘이 생깁니다. 이 대화법은 책의 내용을 순서대로 정리하는 데도 유용합니다. 이야기를 분해하고 재구성하는 연습과 감정 이해, 어휘 표현도 할 수 있지요.

당부하고 싶은 것은, 아이와 대화할 때는 책을 파헤쳐야겠다는 강박에서 벗어나 즐거운 독서 시간을 누리시라는 것입니다. 엄마도 아이도 편안하고 즐겁게 참여해야 오래도록 이어갈 수 있다는 것을 기억해 주세요.

배우지 않아도 자연스럽게 자기 생각을 글과 말로 풀어내는 아이는 흔치 않습니다. 보통의 아이들은 훈련과 지도가 필요합니다. 그 과정을 부모님과 함께한다면 아이의 책 읽기와 사고력은 안정적으로 향상될 거예요. 부모님만큼 아이를 세심히 관찰하고, 온 마음을 다해 적극적으로 지원할 수 있는 존재는 없으니까요.

엄마의 똑똑 가이드

1. <책 읽기 대화법 10단계>는 그림책부터 소설책까지 폭넓게 확장하여 활용할 수 있습니다. 아이의 연령과 독서 수준에 맞춰 다양한 장르의 책을 시도해보세요.

2. 질문은 크고 추상적이기보다 작고 구체적이고 명확해야 합니다. 막연하고 포괄적인 질문은 대답하기 어렵고, 사고의 흐름을 방해할 수 있습니다.

3. 책을 매개로 아이와 보내는 시간은 아이를 깊이 이해하고 알아가는 시간입니다. 처음부터 원하는 만큼 답을 듣지 못하더라도 꾸준히 함께하는 시간 속에서 교감이 깊어지고 아이의 독서 능력도 자라나게 됩니다.

모르는 단어를
내 것으로 만들어요

📖 **모르는 단어를 만나면 어떻게 해야 하나요?**

다음의 문제를 한번 풀어볼까요? EBS 문해력 진단평가 6학년 문제를
응용한 것입니다.

우리 가족은 아버지의 일자리를 <u>찾기</u> 위해 이사를 했다.

다음 중 예문의 '찾기'와 같은 의미로 사용된 것은 무엇인가요?

① 세탁소에 맡겼던 겨울옷을 <u>찾았다</u>.

② 감기로 병원을 <u>찾는</u> 환자가 부쩍 늘었다.

③ 한여름에도 따뜻한 물을 <u>찾는</u> 사람들이 있다.

④ 도서관을 찾는 학생들이 많아서 경쟁이 치열하다.

⑤ 떨어졌던 성적이 올라서 자신감을 찾았다.

답으로 몇 번을 고르셨나요? 정답은 3번입니다. 예문에서 '찾기'라는 단어는 '일자리를 얻거나 구하다'의 의미로 쓰였습니다. 보기는 어떤지 살펴봅시다.

① 겨울옷을 찾다. → 세탁소에 맡겨놓은 옷을 돌려받다.

② 감기로 병원을 찾다. → 병원에 방문하다.

③ 따뜻한 물을 찾다. → 따뜻한 물을 얻거나 구하다.

④ 도서관을 찾다. → 도서관에 가다.

⑤ 자신감을 찾다. → 자신감을 회복하다.

문제가 생각보다 어렵다고 느끼셨나요? 사실 우리는 일상생활에서 '찾다'를 다양한 의미로 쓰면서도 섬세한 차이를 의식하지는 않습니다. 우리말을 사용할 때는 자연스럽게 문맥 속에서 단어의 의미를 파악하기 때문이죠. 듣는 사람 역시 맥락을 통해 이해하고 넘어갑니다. 그래서 까다로운 단어도 어색하지 않게 전후 관계에 맞춰 잘 사용하고 이해할 수 있죠. 위의 예시처럼 '찾다'의 의미를 세세히 구분하진 않지만 상황에 맞춰 쓸 수 있습니다. 모국어의 힘이죠.

아이들의 경우는 상황이 다릅니다. 어휘력과 배경지식이 부족할뿐

더러, 문맥에 의존해 단어를 유추하는 데 익숙하지 않습니다. 그래서 어른보다 단어를 이해하고 활용하는 부분에서 어려움을 겪는 경우가 많습니다.

특히, 어떤 아이들은 단어에 집착해서 모르는 단어가 나오면 읽기를 도중에 멈춰버리기도 합니다. 단어 하나에 막혀 좌절감을 느끼는 순간, 더 이상 독서는 이어지지 못하고 읽는 것에 대한 흥미와 자신감도 함께 떨어지게 되는 것이죠.

하지만 설령 모르는 단어가 나오더라도 계속해서 읽어나가야 합니다. 아이는 앞으로도 배움의 과정에서 의미를 알 수 없는 낯선 단어들을 더 많이 만나게 될 테니까요. 그래서 단어 하나하나에 집착하기보다, 맥락을 통해 의미를 유추하며 텍스트 전체를 읽어나가는 연습이 필요합니다. 모르는 단어와 마주했을 때 유연하게 대처하는 능력을 기른다면 독서의 폭이 자연스럽게 깊어집니다.

📖 낯선 어휘의 첫인상

문맥을 통해 어휘에 대한 '감'을 키우는 것은 중요한 일입니다. 읽기 중 만나는 낯선 단어를 문맥에 맞게 유추하고 이해하는 과정은 높은 수준의 독해력이 필요하거든요. 읽은 책들에서 살아나온 어휘가 몸 안에 쌓여야 하는데 그만큼 많은 양의 책을 읽어야 가능하죠. 그 과정을 수월하게 통과하도록 돕기 위해, 엄마와 아이가 해볼 수 있는 간단하고 효과적인 방법이 있습니다.

바로 엄마와 함께 놀이처럼 '단어의 의미'를 찾아보는 연습을 하는 것입니다. 책을 읽다가 아이가 잘 모르는 단어, 때로는 엄마도 설명하기 어려운 단어가 등장할 때가 있지요. 이때 첫 단계에서 할 일은, 그 단어가 긍정의 뜻인지 부정적인 뜻인지 문맥 속에서 느껴보는 것입니다. 예를 들어볼까요? 아이가 책에서 다음과 같은 문장을 발견했습니다.

"의대를 졸업할 때는 오른손을 들고 히포크라테스 선서를 합니다. 히포크라테스 선서에는 환자를 위한 소명의식이 담겨 있습니다."

'소명의식'이라는 표현은 아이에게 낯섭니다. 무슨 의미인지 한번에 다가오지 않죠. 이때 부모님은 다음과 같은 대화를 통해 아이가 단어의 의미를 유추하도록 도울 수 있습니다. 아래는 실제 수업 시간에 제가 아이와 나눈 대화입니다.

선생님 : '소명의식'이라는 단어가 문장에서 긍정적으로 쓰인 것 같니, 아니면 부정적으로 쓰인 것 같니?
아이 : 긍정적으로 쓰인 것 같아요.
선생님 : 왜 긍정적이라고 생각했어?
아이 : 문장 안에 부정적인 말이 없는 것 같아요.

선생님 : 그럼 '소명의식'은 어떤 뜻으로 쓰였을까?

아이 : 간절히 바라는 생각? 아니면 꼭 해내야겠다는 마음?

선생님 : 좋았어. 그럼 생각해본 두 가지 뜻을 '소명의식' 대신 넣어서 문장을 읽어볼까?

1. 히포크라테스 선서에는 환자를 위한 간절히 바라는 생각이 담겨 있습니다.

2. 히포크라테스 선서에는 환자를 위한 꼭 해내야겠다는 마음이 담겨 있습니다.

선생님 : 두 가지 중 어떤 게 더 잘 어울리는 것 같아?

아이 : 꼭 해내야겠다는 마음이 더 어울리는 것 같아요!

모르는 어휘가 나왔을 때, 그 단어가 긍정적인 뉘앙스를 갖는지 부정적인 뉘앙스를 갖는지 판단하는 것은 단어를 어떻게 해석할지 방향을 잡아주는 실마리가 됩니다. 이후 문장을 전체적으로 읽으며 단어의 의미를 문맥 속에서 파악해나갑니다. 단어의 뜻을 어렴풋이 추측했다면, 이제 해당 단어 자리에 그 의미를 대입하여 문장을 만들어 읽어봅니다. 만약 문맥에 어울리지 않는다면 다시 새로운 뜻을 짐작하여 대입하는 과정을 반복합니다. 이렇게 문맥에 적합한 뜻을 찾아가는 과정을 통해서 그 어휘는 머릿속에 정확히 자리를 잡게 됩니다.

모르는 단어의 뜻을 유추하며 마지막 단계에서 반드시 해야 할 일이 한 가지 있습니다. 바로 사전을 꺼내어 정확한 뜻을 확인하는 것입니다.

앞서 예로 들었던 '소명의식'을 사전에서 찾아보니 다음과 같군요.

*소명의식 : 부여된 어떤 명령을 꼭 수행해야 한다는, 책임 있는 의식

아이가 유추한 의미와 실제로도 유사하네요. 다양한 예문에서 어떻게 활용되는지도 찾아봅시다.

· 봉사 활동은 소명의식을 가지고 지속적으로 참여하는 것이 중요하다.
· 그는 의사로서 소명의식을 가지고 환자들을 치료한다.

이제 단어의 의미가 좀 더 명확하게 다가옵니다. 이 단어를 아이가 다양한 문장에 직접 활용해보도록 해주세요. 더 쉬운 언어로 바꾸어도 보고요. 아이의 어휘력이 자연스럽게 확장되는 시간입니다.

종이 사전을 사용하는 것이 번거롭다면, 스마트폰에 내장된 국어사전이나 온라인 사전을 활용해도 좋습니다. 저도 온라인 사전을 자주 이용하는 편인데 그중 네이버 국어사전은 단어의 뜻풀이 외에도 유의어와 반의어, 다양한 예문을 제공해서 수업 시간에 활용도가 높습니다. 부모님도 아이에게 맞는 적절한 사전을 찾아보시길 바랍니다.

모르는 단어를 내 것으로 만드는 7단계 학습법

1. 모르는 단어 표시하기

읽고 있는 글에서 모르는 단어가 나오면 밑줄을 그어 표시합니다.

2. 단어의 뉘앙스 파악하기

단어의 뜻이 긍정적인지 부정적인지 문맥을 통해 짐작해봅니다. 문장의 분위기나 주제를 참고하면 단어의 의미에 대한 대략적인 방향을 잡을 수 있습니다.

3. 다양한 의미 짐작하기

단어의 뜻을 여러 방향으로 유추해봅니다. 다양한 가능성을 열어두고 문맥에 적합한 의미를 찾아갑니다.

4. 문장에 대입해보기

해당 단어 자리에 아이가 생각한 뜻을 대입하여 문장을 만들고 읽어봅니다. 문장의 흐름과 의미가 자연스러운지 판단해보세요.

5. 다른 의미 찾기

문맥에 어울리지 않는다면 다른 뜻으로 바꿔 넣습니다. 문장이 더 자연스럽고 논리적으로 느껴진다면 본뜻에 가까워지고 있다는 신호입니다.

6. 사전에서 확인하기

국어사전에서 단어의 정확한 뜻을 찾아봅니다. 디지털 사전이나 앱을
활용하면 다양한 추가 정보를 손쉽게 얻을 수 있습니다.

7. 어휘 확장 및 활용 연습

사전에서 제공하는 유의어 및 반의어, 활용 예문 등을 확인하며 어휘
를 다양하게 확장합니다.

　　다음은 실제 수업 시간에 아이들이 연습한 내용입니다. 아이의 어
휘력에 따라 거의 비슷하게 유추하는 경우도 있고, 조금은 어설픈 경
우도 있지요. 이렇게 단어의 의미를 짐작하고 본뜻을 찾아가는 과정
에서 각각의 단어는 완전히 아이들의 것이 됩니다.

새로운 단어	의미 짐작하기
낭독	누구 앞에서 읽다. / 외워서 읽다. / 글을 소리 내어 읽는다.
윤리	지켜야 될 도리 / 좋은 행동 / 임무
기여	어떤 것의 도움을 주다. / 힘을 쓴 사람 / 중요한
열풍	많은 인기를 얻는 것 / 한때 인기가 많았다. / 뜨거운 바람
홍보	광고하다. / 유명하게 알려주기.

천덕꾸러기	이랬다 저랬다 하는 사람 / 천한 동물이나 사람
분발	더 힘내다. / 증발하다.
추세	흐름 / 유행 / 중간

물론 책을 읽다가 모르는 단어를 발견할 때마다 위와 같은 과정을 거칠 수는 없습니다. 단어 하나하나에 매달리다 보면 한 페이지도 읽기 전에 피로감을 느끼게 될 테고 결국 읽기가 괴로운 작업이 될 수도 있으니까요. 그래서 이 학습법을 적용할 때는 오늘 읽은 내용 중에서 두세 개의 핵심 단어를 선택해 집중적으로 활용하는 것이 가장 효과적입니다. 이렇게 하나씩 하나씩 내 것으로 만든 단어들이 훗날 아이의 말과 글에 큰 힘을 실어줄 것입니다.

1. 모르는 단어가 나오면 단어 하나하나에 집착하기보다, 문맥을 통해 의미를 추론하며 텍스트 전체를 읽어나가는 연습이 필요합니다.

2. 모르는 어휘가 나왔을 때, 그 단어가 긍정적인 뉘앙스를 갖는지 부정적인 뉘앙스를 갖는지 문장에서 먼저 판단하는 것이 중요합니다. 이는 단어를 어떻게 이해하고 해석할지 방향을 잡아주는 실마리가 됩니다.

3. 단어의 정확한 의미를 알려주는 것에 너무 집중하다 보면 아이가 피로감과 부담을 느낄 수도 있습니다. 그러면 이후에는 모르는 단어가 나와도 그냥 넘어가고 싶어지겠지요. 아이가 능동적으로 즐겁게 활동에 참여할 수 있도록 이끌어주세요.

풍부한 표현어휘력을 키워요

📖 알고는 있는데 표현하기가 힘들어요

아이들이 요란하게 교실로 들어옵니다. '봉주', '토시'라는 주인공 이름이 여기저기 들리는 걸 보니 책 이야기를 나누는 모양입니다. 한윤섭 작가의 《봉주르, 뚜르》(문학동네)를 읽은 날이었습니다.

"책 재미있었지?"

"네에!"

마치 첩보영화처럼 밝혀질 듯 밝혀지지 않는 진실을 좇는 이야기가 어찌 재미없을 수 있을까요. 아이들의 반응은 적극적이었습니다.

"어느 부분이 가장 재미있어?"

"토시가 한국어를 할 줄 안다는 사실이 밝혀진 부분이요!"

"봉주에게 모든 사실을 털어놓고 친구가 되어 사진을 찍는 장면이요."

"오! 감각 있는데? 그래, 그 장면이 어떻게 재미있었어?"

"…"

시끌벅적하던 교실이 이내 조용해졌습니다. 이 책의 주인공 토시는 북한 출신으로 일본 국적을 가지고 있습니다. 자신의 정체를 내내 숨기던 토시가 봉주에게 한국어를 할 수 있다는 사실을 털어놓는 장면은 아주 극적인 순간입니다. '짜릿했다'라거나 '박진감 넘쳤다'라거나 '토시가 위험에 처할까 조마조마했다.' 혹은 '앞으로 어떻게 될지 기대되고 흥분됐다.' 하는 식의 구체적인 표현을 아이들이 해주길 기대했지만, 제 질문은 고요 속의 외침이 되고 말았습니다. 이유가 뭘까요? 아이들이 실제로 말하거나 글로 표현할 때 사용하는 어휘의 수는 실제로 알고 있는 어휘의 수보다 현저하게 적기 때문입니다.

교육학자 샤론 케인(Sharon Kane)의 의견을 들어볼까요? 케인은 인간이 사용하는 어휘를 이해어휘(receptive vocabulary)와 표현어휘(expressive vocabulary)로 나누어 설명합니다. 이해어휘는 누군가의 말을 듣거나 글을 읽을 때 이해할 수 있는 어휘죠. 의미나 용법을 알고 있는 '수동적 어휘'라고 할 수 있습니다. 표현어휘는 우리가 말하거나 글을 쓸 때 사용할 수 있는 어휘입니다. 적극적으로 사용하는 '능동적 어휘'입니다. 사람마다 다르긴 하지만, 일반적으로 표현어휘는 이해 어휘의 20~30퍼센트 정도밖에 되지 않는다고 합니다. 다시 말해, 우리는 이해하고 있는 어휘 가운데 5분의 1 정도만 직접 사용하고 표현할 수 있다는 것이죠.[5]

그래서 아이들이 실제로 활용할 수 있는 어휘는 책을 읽으며 가장 늦게 얻어지는 보석입니다. 책 속에 등장하는 수많은 어휘가 금세 쌓여 자신만의 풍성한 표현 도구가 될 것 같지만, 어휘는 의식적으로 접근해도 쉽게 확장되지 않습니다. 바로 이 점이 어휘를 '읽기의 보석'이라고 부르는 이유입니다.

📖 가장 늦게 얻어지는 보석, 표현어휘력 키우기

섬세하고 풍부한 어휘를 갖춘 아이는 상황과 분위기에 적합한 단어를 선택하는 능력이 뛰어납니다. 마치 핀셋으로 정확한 단어를 집어내는 것처럼요. 글을 쓸 때는 물론이고 대화를 할 때도 자신의 의도와 생각을 군더더기 없이, 설득력을 갖춰 전달합니다. 이것은 타인과 원활한 관계를 맺는 데 아주 중요한 부분이지요. 반대로 어휘가 빈약한 아이는 상황에 적합하지 않은 표현으로 빈축을 사거나 오해를 불러일으키는 경우가 생기고, 오가는 대화에서 맥락을 제대로 파악하지 못해 난

5   이향근, 『아이의 어휘력』(유노라이프, 2022)

감한 상황에 놓이기도 합니다. 그렇다면, 우리 아이의 표현어휘력을 효과적으로 키울 방법은 없을까요? 물론 있습니다. 집에서도 쉽게 실천할 수 있는 방법을 지금부터 소개해드리겠습니다.

표현어휘력을 키우는 5가지 효과적인 방법

1. 정해진 주제로 대화하며 어휘의 폭 넓히기

요즘은 부모도 아이도 시간에 쫓겨 마주 앉아 대화할 시간이 많지 않습니다. 자투리 시간을 내어 아이와 함께 그날의 뉴스, 신선한 주제, 사회적 이슈 등을 중심으로 대화를 나눠보세요.

대화 주제는 미리 정해두는 것이 좋습니다. 한 가지 주의를 드리자면, 아이 수준을 고려해서 주제를 선정하지는 마세요. 아이는 부모와의 대화 속에 자연스럽게 맥락을 이해하는 힘이 생기고 어휘의 개념을 익히며 어휘력을 키우게 됩니다. 그러니 대화를 나눌 때도 아이 수준에 맞춰 너무 쉽게 대화하려 하지 말고, 일상에서 쓰이는 조금은 어려운 어휘를 두루 사용하는 것이 좋습니다. 아이에게는 새로운 어휘를 접하고 사용해볼 기회가 되며, 사고력도 자연스럽게 확장되어서 비판적 사고와 문제 해결 능력을 키울 수 있습니다.

2. 단어 카드를 활용해 정확한 어휘 익히기

이번에는 책과 단어 카드를 활용한 방법입니다. 책 속 주인공의 성격

이 어떤지 아이들에게 물어보면 '멋있다', '용감하다', '착하다' 등 몇 가지 어휘만 계속 돌려가며 사용하는 것을 알 수 있습니다. 어휘의 의미를 잘못 이해하고 사용하는 경우도 흔하고요. 성격과 감정을 구분하지 못합니다.

이는 내재된 어휘나 배경지식의 폭이 좁기 때문입니다. 아는 단어조차도 자유롭게 활용하지 못하는 것이죠. 이럴 때, 단어 카드는 어휘 확장에 큰 도움이 됩니다. 단어 카드는 시중에 다양한 종류가 나와 있으니, 적절한 것을 골라 사용하면 됩니다.

단어 카드 사용 방법은 이렇습니다. 책 속 주인공의 성격이 어떤지, 아이가 단어 카드로 표현하도록 해주세요. 이때 반드시 책 속에서 주인공이 했던 '말'이나 '행동'을 근거로 삼아야 한다는 점을 잊지 마세요. 아이마다 같은 책을 읽고도 느끼는 바가 다르고, 고른 단어 역시 제각각입니다.

《봉주르, 뚜르》를 읽고 아이들이 저마다 선택한 단어 카드입니다.

채령이가 고른 카드	경쟁심을 느끼는	싫증을 잘 내는
	남과 겨루어 이기고 싶은 마음이 드는	싫어하는 마음이 자주 생기는
주은이가 고른 카드	자신감 있는	침착한
	자신이 있다는 느낌이 있는	서두르지 않고 차분한
은찬이가 고른 카드	자기 주장이 강한	끈기 있는
	자신의 의견이나 생각을 굳게 내세우는	쉽게 단념하지 않고 끈질기게 견디는
재훈이가 고른 카드	내성적인	호기심 강한
	감정이나 생각을 겉으로 드러내지 않고 마음속으로만 생각하는	새롭고 신기한 것을 알고 싶어 하는 마음이 강한

어떤가요? 나름의 판단으로 단어 카드를 선택했지만, 어휘의 정의를 분명히 알지 못해서 주인공의 실제 모습과 어긋난 카드를 선택하는 아이들도 있습니다. 이런 경우, 자신의 선택이 틀렸다는 생각을 하지 못합니다. 그렇다고 왜 그 단어를 선택했는지 분명하게 설명하지도 못하고요. 그냥 대충 그런 것 같거든요. 이런 문제를 해결하기 위해서는 어휘의 정확한 의미를 확인하고 확장해야 합니다. 이때 책 속에 나오는 뚜렷한 근거와 연결 짓는다면, 그 단어의 의미가 직접 체감이 되지요.

3. 인물의 말과 행동을 어휘로 연결하기

이제, 책을 읽고 주인공의 말과 행동을 분리하여 섬세하게 근거를 찾아봅시다. 그 근거를 바탕으로 주인공에 대한 내 생각이나 느낌을 어휘로 연결하는 겁니다.

다음은 아이들이《컵 고양이 후루룩》(보린 지음·한지선 그림, 낮은산)을 읽고, 주인공 진이의 말과 행동을 근거로 자기 생각을 정리한 활동입니다.

<진이의 말>

이모!	후루룩, 꽁치 먹을래?	후루룩, 이제부터 너는 내 동생이야.

⬇

후루룩한테만 다정하다.

<진이의 행동>

빙그르르 한바퀴를 돈다.	컴퓨터를 끄고 책을 읽는 척을 한다.	이모를 반겼다.

⬇

거짓말을 잘한다.

책 속 주인공이 어떤 성격인지, 자기 생각은 어떤지를 잘 설명했네요. 정답은 없습니다. 근거와 생각을 타당하게 연결했다면 모두 옳은 표현이지요. 하나 더 살펴볼까요? 이번에는 역사적 인물을 주인공으로 한 《이이》(김완기 글·한갑수 그림, 유한미디어)입니다. 이이는 어떤 성격인가요? 책에서 힌트를 찾아봅니다.

<이이의 말>

할아버지, 제발 어머니 병이 낫게 해주세요.	임금님, 편을 갈라 싸우는 신하들을 벌주셔야 합니다.	높은 벼슬을 하던 율곡 선생이 대장간에서 호미를 만든대.

남을 생각한다.

<이이의 행동>

어린 이이는 아침마다 마당을 쓸었습니다.	책 읽기를 게을리한 날이 하루도 없었습니다.	임금님이 시키신 일은 어려워도 꼭 해내고 말았습니다.

성실하다.

근거로 삼은 말 중에서 "높은 벼슬을 하던 율곡 선생이 대장간에서 호미를 만든대"는 이이가 한 말이 아니고, 타인의 시선으로 이이의 모습을 지켜본 백성들이 이야기한 내용입니다. 주인공의 말은 아니지만, 이이의 성격을 유추할 수 있는 대사이기에 좋은 근거가 됩니다.

단어 카드는 거꾸로 활용할 수도 있습니다. 인물의 성격을 나타내는 단어 카드 하나를 먼저 정한 후, 그 성격을 뒷받침하는 근거를 책에서 하나하나 찾아보는 거지요. 이렇게 아이들의 활동에 제한을 두지 마시고, 자유롭고 주도적으로 할 수 있도록 해주세요.

4. 사전에서 어휘를 찾아 확인하기

여기까지 활동을 마쳤다면, 이제 내가 떠올린 어휘가 근거와 적절히 연결되었는지 검토할 차례입니다.

1. 어휘의 뜻 확인 : 내가 선택한 단어의 뜻이 본래 내가 생각한 의미와 일치하는지 사전을 찾아봅니다.
2. 유의어 탐색 : 해당 단어의 유의어를 찾아보고 적절한 활용이 가능한지 알아봅니다.
3. 문장에 적용하기 : 찾은 유의어를 사용하여 직접 문장을 만들어봅니다. 유의어로 문장을 만드는 연습은 새로 배운 단어를 폭넓게 이해하고 다양한 맥락에서 사용할 수 있도록 도와줍니다. 또한, 어휘를 오랫동안 선명하게 기억할 수 있지요.

5. 어려운 어휘에 대해 직관적으로 접근하기

마지막으로 아이들이 어려운 어휘를 만났을 때, 직관적으로 이해하도록 돕는 방법을 소개합니다. 아이들은 추상적이거나 어려운 어휘를 접했을 때, 그 뜻을 단번에 이해하기 어려워합니다. 이럴 때는 사전적 정의보다 개인적인 경험과 연결 짓는 것이 효과적입니다. 바로 '나' 중심의 질문을 만드는 거예요. 예를 들어 '인정'이라는 단어의 의미가 잘 와닿지 않는다면, 아이에게 이런 질문을 던져봅니다.

"나는 인정이 많은 사람일까?"
"나는 어떤 상황에서 인정을 베푸는 것 같아?"
"나는 인정 없는 사람을 보면 어떻게 판단해?"

이처럼 어휘의 뜻을 확인하기 전에 '나'를 중심으로 한 질문을 던지고 답해보는 거지요. 때로는 사전에서 의미를 찾는 것보다도 더 직관적으로 이해될 수 있습니다. 이 과정을 통해 문맥을 정확히 파악하는 능력도 향상됩니다.

표현어휘를 풍부하게 사용할 수 있는 능력은 단순히 언어 능력의 확장이 아니라, 세상을 이해하고 소통하는 데 필요한 중요한 도구입니다. 아이 안에 깊고 넓은 어휘의 방이 자리잡아서, 자유롭게 드나들며 사용할 수 있도록 도와주세요.

1. 아이들은 듣고 이해할 수 있는 어휘에 비해, 실제로 표현하고 사용할 수 있는 어휘가 훨씬 더 적습니다. 표현어휘력이 탄탄한 아이는 자신의 생각을 보다 설득력 있게 전달할 수 있습니다.

2. 표현어휘력은 일상에서 부모님과의 대화를 통해 자연스럽게 넓혀나갈 수도 있고, 책과 단어 카드를 활용해서 체계적으로 연습할 수도 있습니다.

3. 단어 카드를 사용할 때 가장 중요한 원칙은, 아이들이 책 속에서 근거를 찾아 연결해야 한다는 점입니다. 근거를 잘 찾는다는 것은, 아이가 읽은 내용을 바탕으로 필요한 정보를 취합하고 이를 올바로 사용할 수 있다는 의미입니다.

독서 솔루션 2단계_심화 읽기

: 추론하기, 비문학 읽기, 지식 확장하기

책 전체를 머리에 쏙!
목차 읽기

📖 기분 좋게 펼친 책을 금방 내려놓고 싶을 때

온라인 서점에서 읽고 싶은 책을 주문하고 설레는 마음으로 새 책을
받아 들었습니다. 자, 이제 읽어볼까요? 여러분은 책을 읽을 때 어디
서부터 시작하나요? 저는 보통 앞표지와 뒤표지를 먼저 자세하게 훑
어봅니다. 사람마다 순서는 다르겠지요. 바로 본문으로 들어가는 사
람도 있고, 책장을 휘리릭 넘겨 전체를 보기도 합니다. 끌리는 챕터를
먼저 읽기 시작하거나, 그림을 찾아보는 등 책의 종류만큼이나 읽는
스타일 역시 제각각입니다.

아이들도 마찬가지입니다. 정말 각양각색의 모습으로 책을 읽습니
다. 뒤에서부터 읽는 아이, 쓱 넘기고 다 읽었다고 하는 아이, 재미있
어 보이는 부분을 찾아 읽는 아이, 그냥 읽기 싫은 아이까지.

이렇게 책을 읽는 방식은 각기 다르지만, 효과적인 독서를 위해 누구에게든 필요한 것이 있다면 바로 텍스트를 이해하는 능력입니다. 글을 제대로 이해하려면 우선 내가 무엇을 읽고 있는지부터 파악해야 합니다. 그러나 독서 경험이 충분하지 않은 경우, 자신의 수준보다 조금 어려운 책을 읽다 보면 금세 장벽을 느낍니다. 머릿속이 흐려지고 집중력이 흐트러지며, 결국 책을 덮고 놓고 싶은 마음이 커지지요. 아이들은 이런 상황에서 쉽게 포기할 가능성이 큽니다.

만약 매번 이런 이유로 책을 내려놓는다면 독서는 먼 나라 이야기가 되고 말 것입니다. 어려서부터 조금 어렵더라도 끈기 있게 책을 읽어나가는 훈련이 중요한 이유가 바로 여기에 있습니다. 힘들지만 책을 끝까지 읽어내는 경험은 아이의 독해력을 넓히고, 자신의 수준에 맞는 지식을 쌓는 기반이 됩니다.

아이는 성장하면서 어려운 책을 계속 만나게 될 것입니다. 그럴 때 자신감을 잃고 물러서는 것이 아니라, 호기심을 가지고 뛰어든다면 꾸준히 지적 성장을 이룰 수 있겠지요. 학습 동기가 지속되어서 성적에도 좋은 영향을 미치게 됩니다.

📖 목차는 친절한 독서 도우미

아직은 어린 우리 아이들이 책을 좀 더 쉽게 이해하고 끝까지 읽어나가게 돕는 방법을 한 가지 소개하려 합니다. 바로 '목차 읽기'입니다.

본문을 읽기 전에 책의 전체 구조를 먼저 파악하면, 전체 흐름 중에서 각 부분이 어떤 역할을 하며 어떤 맥락 속에 있는지를 알 수 있습니다. 특히 책의 수준이 조금 높을 때나, 정보가 많은 비문학 책, 혹은 긴 호흡으로 집중해서 읽어야 하는 책일 때 좀 더 편안하게 접근할 수 있습니다.

목차는 단순히 책의 내용을 나열한 목록이 아닙니다. 책의 중심 주제를 한눈에 파악할 수 있도록 도와주는 길잡이입니다. 그래서 저는 수업 중에 목차를 적극 활용합니다. 목차를 충분히 이해하고 나면, 책 전체를 장악할 수 있고 끝까지 흥미를 유지하는 데 도움이 됩니다.

하지만 목차를 눈으로 읽기만 하면 머릿속에 잘 남지 않지요. 그래서 목차를 직접 옮겨 적어볼 것을 권합니다. 이 과정은 단순히 글을 읽는 것에서 나아가 책의 구조를 체계적으로 이해하고, 부분적인 내용을 전체 주제와 연결 지을 수 있는 능력을 키워줍니다. 책 한 권을 미리 맛보는 것이죠.

예를 들어 '우리 몸의 기관'에 대한 책을 생각해볼까요? 우리 몸 각 기관이 어떻게 생겼으며 어떤 역할을 하는지를 설명하는 책입니다. 세포의 정의부터 소화기관, 호흡기관, 배설기관, 감각기관, 운동기관 등 다양한 기관에 대한 지식을 다룹니다. 독서 후 아이들에게 무엇에 관한 책이었냐고 물으면 보통은 이렇게 답합니다.

"우리 몸에 관한 이야기요."

조금 더 구체적인 단어를 떠올리는 경우에는 "세포? 신경? 뇌!" 이렇게 열거하지요. 꽤 높은 빈도로 나오는 대답이 하나 더 있는데 바로 "뭐였지?"입니다.

대개는 위의 세 가지 대답에서 벗어나지 않지요. 그럼, 이런 아이들을 위해 내용을 체계적으로 이해하도록 돕는 방법을 소개해봅니다. 바로 '목차 만들기' 활동입니다. 이 방법을 활용하면 비문학 책의 내용을 쉽게 기억하고 정리해서 말할 수 있습니다.

나만의 목차 만들기 연습

1. 목차를 통해 책의 전체적인 내용을 간략히 확인합니다. 이때 세부 내용을 꼼꼼히 이해하려 애쓰지 않아도 괜찮습니다. 책의 주제와 전체적인 분위기를 파악하는 것만으로도 충분합니다.
2. 목차를 손가락으로 짚어가며 천천히 소리 내어 읽습니다. 손가락이 움직이는 속도가 읽는 속도보다 느리게 진행되도록 지도해주세요.
3. 소리 내어 읽은 목차를 노트에 그대로 옮겨 적습니다. 기왕이면 보기 좋은 떡이 먹기도 좋다고, 예쁜 글씨로 예쁘게 꾸미면 좋겠지요. 옮겨 적은 목차는 책을 읽는 내내 참고 자료로 활용하고 책갈피로도 계속 사용하게 됩니다.
4. 이제 책을 읽을 차례입니다. 내가 직접 쓴 목차는 책을 읽는 동안 옆에 두고, 지금 어느 부분을 읽고 있는지 틈틈이 확인합니다. 전체 중에서 내가 어디쯤을 읽고 있는지 알 수 있습니다. 또 어떤 내용과

연결되는지도 인식할 수 있지요.

5. 책을 다 읽었다면 새로운 목차를 만들어봅니다. 이번 목차는 큰 장 제목만 옮겨 적고, 그 안에 작은 제목들은 모두 비워둡니다. 장 제목을 보면서 각 장이 무슨 내용이었는지 떠올리며 빈칸을 채워보세요.

6. 이제 내가 적은 작은 제목들이 책의 원래 제목과 얼마나 비슷한지 확인합니다. 혹시 놓친 부분은 없었나요? 필요하다면 내가 적은 제목을 꼼꼼히 수정하세요.

7. 마지막으로 책을 참고해서 각 장의 내용을 잘 보여주는 키워드를 선정합니다. 그리고 키워드를 바탕으로 각 장의 세부 내용을 간결하게 정리하여 적어봅니다.

'우리 몸의 기관'에 관한 책으로 다시 돌아가 봅시다. 책 1, 2장의 원래 목차는 아래와 같습니다.

1장. 우리 몸은 어떻게 에너지를 얻을까?
1. 자동차처럼 우리 몸도 에너지가 필요해
2. 영양소를 흡수하는 소화기관
3. 산소를 받아들이는 호흡기관
4. 영양소와 산소를 나르는 순환기관
5. 노폐물을 몸 밖으로 내보내는 배설기관

2장. 우리 몸은 어떻게 움직일까?

1. 하나라도 없으면 움직일 수 없어

2. 우리 몸을 지탱하고 보호하는 뼈

3. 우리가 활동하게 해주는 근육

4. 피를 만들고 심장이 뛰게 하는 건 누구?

나만의 새로운 목차는 다음과 같이 만들 수 있어요. 왼쪽 빈칸을 채운 다음 원래의 제목과 비교해서 수정이 필요하다면 고쳐보세요.

	우리 몸은 어떻게 에너지를 얻을까?	* 원래의 제목과 비교해보세요
	1.	
	2.	
1장	3.	
	4.	
	5.	
	우리 몸은 어떻게 움직일까?	
	1.	
2장	2.	
	3.	
	4.	

키워드로 내용 정리하기

다음은 키워드를 이용해 책의 내용을 정리하는 방법입니다. 아이가 각 단원의 가장 중요한 단어라고 생각하는 키워드를 고민해서 적어넣도록 해주세요. 이 작은 노력 한 스푼을 통해서 아이들은 이해한 내용을 스스로 간추리고 정리할 수 있습니다. 이때 키워드는 책에 나온 단어를 직접 인용하는 것이 좋습니다. 이 과정을 충분히 연습하고 나면, 이후에는 각 문단의 중심 내용이나 책 전체의 주제를 '내 말'로 적절히 표현할 수 있게 됩니다.

	우리 몸은 어떻게 에너지를 얻을까?	* 키워드
1장	1. 자동차처럼 우리 몸도 에너지가 필요해	
	2. 영양소를 흡수하는 소화기관	
	3. 산소를 받아들이는 호흡기관	
	4. 영양소와 산소를 나르는 순환기관	
	5. 노폐물을 몸 밖으로 내보내는 배설기관	
	우리 몸은 어떻게 움직일까?	
2장	1. 하나라도 없으면 움직일 수 없어	
	2. 우리 몸을 지탱하고 보호하는 뼈	
	3. 우리가 활동하게 해주는 근육	
	4. 피를 만들고 심장이 뛰게 하는 건 누구?	

많은 아이들이 읽은 책의 내용을 정리하기 힘들어합니다. 책의 내용이 복잡하고 어려운 경우라면 더 말할 나위 없습니다. 어른도 어려운걸요. 그래서 목차라는 나침반의 도움이 필요합니다. 목차와 함께 책을 읽으면 훨씬 깔끔하게 정리된 책 읽기가 가능합니다. 이미 작가가 공들여 책의 주제를 나누고 정리해 놨으니까요. 목차는 여러 가지 정보가 한꺼번에 입력되어 뒤섞이는 것을 막아주고, 한 입 한 입 책을 꼭꼭 씹어 먹도록 도와줍니다. 적어도 아이가 책을 읽은 후에 "이 책은~에 관한 내용을 설명하는 책이에요." 정도는 대답할 수 있게끔 정보를 체계화할 수 있습니다.

목차 읽기는 책을 공들여 읽는 일입니다. 정성을 들일수록 책이 아이에게 와서 빛을 발하게 됩니다. 아이의 수준보다 약간 어려운 책을 공들여 읽어내는 습관을 들여놓으면 아이가 성장하면서 더 깊이 있는 책을 읽을 때도 자신감을 잃지 않게 됩니다. 이는 단순한 독서 습관을 넘어, 아이 인생에 강력한 도구이자 무기가 됩니다.

처음 시도할 때는 목차 읽기와 정리 과정이 번거롭게 느껴질지도 모릅니다. 하지만 부모님이 아이와 함께하며 꾸준히 지켜봐 준다면 분명 머지않아 아이의 달라진 모습을 확인할 수 있을 것입니다.

엄마의 **똑똑** 가이드

1. 목차는 작가가 잘 차려놓은 식탁과 같습니다. 책을 뒤죽박죽 읽어서 소화불량에 걸리지 않고 꼭꼭 잘 씹어먹도록 안내해주지요. 곧장 본문으로 들어가는 경우가 많은데, 그러지 말고 아이와 함께 목차를 적극 활용해보세요.

2. 아이들이 딱딱하고 어려운 책을 읽기 힘들어할 때, 목차를 활용하면 한결 쉽고 효과적으로 책을 읽을 수 있습니다. 목차를 통해서 책을 미리 맛볼 수도 있고, 전체 내용을 머릿속에 잘 정리할 수도 있어요.

3. 나만의 목차 만들기에 익숙해졌다면, 키워드로 각 단원의 내용을 정리하는 활동을 해보세요. 정확한 키워드를 객관적으로 잘 짚어낼 수 있어야, 이후 책의 중심 내용을 자기 말로 잘 풀어낼 수 있게 됩니다.

합리적으로
추론하며 읽어요

📖 깊이 있는 사고의 강력한 힘

"오늘 학교 급식 맛없어서 안 먹었어."

수업을 준비하며 윤영이가 무심하게 말했습니다.

"정말? 오늘 급식 맛있지 않았어? 난 불고기 맛있던데."

윤영이의 말에 동의할 수 없었던 채원이는 불고기가 맛있어 급식을 두 번이나 먹었다고 이야기합니다. 그러자 옆에서 조용하게 듣고 있던 지호도 한마디 거듭니다.

"불고기? 너무 밍밍하고 차가웠어."

아이들 대화를 듣다가, 제가 늘 강조하는 '추론'을 접목해보기 딱 좋은 순간이라는 생각이 들었습니다.

"얘들아, 오늘 급식을 먹지 않은 윤영이는 논술 수업 시간에 어떤 상황에 맞닥트릴까?"

"네? 무슨 상황이요?"

"윤영이가 점심을 먹지 않은 사실을 바탕으로 짐작할 수 있는 합리적 사실 말이야."

"어떻게 되긴요, 배가 고프겠죠."

"좀 이따 꼬르륵 소리가 크게 들릴 거예요."

이게 무슨 엉뚱한 질문인가 싶어, 아이들은 점심을 먹지 않은 윤영이를 놀리듯 대답합니다. 그런데, 맞습니다. 점심시간에 급식을 먹지 않은 채 오후를 맞는 윤영이는 조금 있으면 배가 무척 고플 것입니다. 이것이 바로 '추론'입니다.

윤영이가 점심을 먹지 않고 학원에 갔다. ⇒ 윤영이는 학원에서 배가 고플 것이다.

추론이란 주어진 정보를 바탕으로 새로운 사실이나 결론을 도출하는 사고 과정입니다. 주로 텍스트에 명시되지 않은 내용을 논리적이고 합리적으로 예측하거나 이해하기 위해 사용됩니다.

'텍스트를 바탕으로 짐작할 수 있는 합리적인 사실.'

쉽게 말해, 추론은 텍스트를 넘어설 수 없지만, 텍스트 안에서 일어날 가능성을 합리적으로 예측하는 것입니다. 비슷한 말로 추측이 있습니다. 하지만 추론과는 다릅니다. 추측은 명확한 근거 없이 개인의 경험이나 직감에 따라 가능성을 짐작하는 것이니, 사실을 바탕으로 하는 추론과는 방향이 다르지요.

　문학이든 비문학이든 어떤 글도 모든 정보를 일일이 설명하지는 않습니다. 때로는 내용의 흐름에 따라, 인물의 감정에 따라, 혹은 글쓴이의 의도에 따라, 일부를 집중하여 보여주고 다른 것은 생략하기도 합니다. 우리는 이럴 때 단서를 이용해 합리적으로 추론을 할 수 있습니다. 끊어진 내용의 흐름을 연결하고, 명시적으로 말하지 않아도 상대의 의도를 파악하게 되지요. 이렇게 생략된 의미를 도출해야 전체적인 맥락을 완성하고 올바른 결론에 도달할 수 있습니다.

추론하며 읽기 연습

그럼, 실제로 우리 친구들과 '추론하며 읽기' 연습을 해봅시다. 추론하며 읽기에는 인물 이야기책이 효과적입니다. 특정한 시대와 상황을 바탕으로 이야기를 펼치기 때문에 배경 자체가 상당히 함축적입니다. 때문에 추론의 여지가 크지요. 시대적 상황, 인물의 행동 동기, 관계, 성격, 사건의 파악, 이야기 흐름의 연결 등 세세한 부분까지 추론하면서 읽기 좋습니다.

　초등학교 수준에서 할 수 있는 추론으로는 '인물 분석'과 '시대 분석'이 있습니다.

인물 분석

인물 분석은 아이들이 가장 쉽게 시작할 수 있는 추론입니다. 근거가 확실하기 때문에 크게 고민하지 않아도 됩니다. 근거로는 인물의 말, 행동, 외모, 인물이 내리는 선택, 인물이 겪는 갈등, 주변 인물의 반응 등이 있습니다. 이를 통해 그 사람의 성격, 감정 변화, 가치관, 동기, 의도 등을 추론할 수 있습니다. 인물을 올바로 분석하면 그 사람을 더 잘 이해할 수 있기 때문에 글에 대한 이해도 한층 깊어집니다. 다음은 수업 시간에 초등 4학년 아이들이 《미켈란젤로》(박영택 지음, 다림)와 《허준》(이재승·김대조 지음, 시공주니어)을 읽고, 각 인물에 대해서 추론한 내용입니다.

책 내용	추론
그러던 어느 날, 미켈란젤로가 피에트로의 드로잉을 보고 비웃자, 화가 난 피에트로가 미켈란젤로의 얼굴을 주먹으로 때렸지.	미켈란젤로는 자신감이 너무 넘쳐서 때로는 남에게 말을 함부로 할 때도 있었던 것 같다.

책 내용	추론
열띤 논쟁 끝에 결국 교황은 미켈란젤로에게 "자네 마음대로 하게!"라며 항복했어.	미켈란젤로는 고집이 세서 자기가 하고 싶은 일을 포기하지 않는다.

책 내용	추론
걱정 가득한 어머니의 얼굴에도 아랑곳하지 않고 쌓인 분노를 쏟아 냈다. 붉게 상기된 얼굴이 활활 타오를 듯 끓고 있었다.	허준은 그동안 억울하고 속상한 일이 많아서 마음에 잔뜩 쌓아 두었다.

책 내용	추론
"성은이 망극하옵니다. 소신은 다만 의원으로서 할 일을 했을 뿐이옵니다."	허준은 실력이 있는데도 겸손한 것 같다.

시대 분석

우리가 직접 살아보지 않은 시대를 배경으로 하는 작품일수록 아이들은 그 시대와 상황에 대해 깊이 생각해보고 많은 부분을 추론하게 됩니다. 책 한 권으로 시대 전체를 설명하기란 불가능하기 때문에, 아이들이 책을 읽는 중간중간 추론이 반드시 필요합니다. 그래야만 상황을 섬세하게 이해할 수 있으니까요. 추론은 단순히 텍스트를 해석하는 것을 넘어, 시대와 상황의 맥락을 깊이 이해하고, 이를 통해 인물과 사건을 입체적으로 바라보기 위한 중요한 도구입니다. 추론을 활용하면 당시 사회적, 문화적, 역사적 배경과의 연결고리를 발견할 수 있습니다.

다음은 초등학교 4학년 친구들이 《장보고》(좋은글샘 지음, 다빈치테마위인),《장영실》(우현옥 지음, 다빈치테마위인)을 읽고 각각 추론한 내용입니다.

책 내용	추론
궁복이가 아버지에게 고기 잡는 법을 배우고 싶다고 하자 아버지는 글을 배워 훌륭한 사람이 되라고 말씀하셨습니다.	이 시대는 어부보다 글을 읽을 줄 아는 사람이 더 대접받는 시대 같다.

책 내용	추론
글공부를 아무리 열심히 해도 어부의 자식은 나라의 관리가 될 수 없지만, 당나라에서는 열심히 공부만 하면 관리가 될 수 있었거든요.	이 시대 사람들은 차별을 한다.

책 내용	추론
임금님의 목소리는 따뜻했습니다. 장영실은 너무나 떨려서 눈도 뜰 수 없었어요. "이제부터는 관아의 종이 아니니라. 너에게 벼슬을 내릴 테니 나라를 위해 일할거라."	특별한 경우에 종도 관리가 될 수 있었다.

책 내용	추론
"윗마을 저수지에서 물을 끌어오겠어요." 옆에 있던 이방이 코웃음을 쳤어요.	이방이 있었다는 것을 보면, 이 시대는 조선 시대이다.

　모든 과정이 그렇듯, 처음부터 잘하기 어렵습니다. 또한, 모든 내용을 추론할 수 있는 것도 아닙니다. 읽은 내용을 바탕으로 합리적인 사고의 과정을 거쳐 생략된 정보를 출력하는 것은, 단단하게 다져진 읽기의 바탕에 사고를 얹어야 하기 때문입니다. 그러니 처음부터 무리해서 추론하려고 하지 말고, 한 번에 하나씩 차근차근 연습하는 것이 좋습니다.

　이 연습이 충분히 되었다면, 다음 단계로 제한된 지문 내에서 추론하기로 넘어갈 수 있습니다. 함축적이고 짧은 지문 안에서 근거가 되는 단어나 문장을 토대로 추론하는 것이죠. 작은 단어 하나라도 놓치면 내용의 정확한 의미를 오해하거나 핵심을 파악하지 못할 수도 있습니다. 실제로 많은 아이들이 스스로 글을 꼼꼼히 읽는다고 생각하지만, 생각과 다릅니다. 익숙한 부분만 눈에 담고 나머지 단어나 문장에는 주의를 기울이지 않아 글 속의 세부 정보나 암시를 놓치는 경우가 흔하지요. 학년이 높아질수록, 이렇게 추론의 빈틈을 노리는 지문과 문제들을 많이 접하게 됩니다. 따라서 글 속의 세부적인 표현, 문맥, 전환어, 글쓴이의 의도에 관해 끊임없이 생각하며 읽어야 올바로 추론할 수 있습니다. 반복적인 연습을 통해 추론하는 방법을 명확하게 이해하고 발전시킬 수 있습니다. 추론은 단순히 정답을 찾는 활동이 아니라, 텍스트와 끊임없이 대화하며 맥락을 완성하고 새로운 의미를 발견해가는 과정임을 기억하세요.

엄마의 똑똑 가이드

1. 인물 책은 추론을 손쉽게 시작할 수 있는 장르입니다. 배경이 낯설고 설명이 함축되어 있어서, 다양한 시각으로 추론할 수 있습니다. 책에 나온 사실을 바탕으로, 아이들이 다양한 관점으로 접근하여 재미있게 추론해보도록 도와주세요.

2. 추론을 잘하기 위해서는 글을 '민감하게' 읽어야 합니다. 단어나 문장을 놓치거나 잘못 읽게 되면, 틀린 근거로 추론하게 되어서 틀린 추론을 도출하게 됩니다.

3. 민감하게 읽는 연습을 계속하면, 책의 핵심을 명확히 이해하고 나아가 글쓴이의 의도나 숨겨진 맥락까지 파악하는 능력을 기를 수 있습니다. 이는 글을 제대로 이해하고 추론의 기초를 마련하기 위해 꼭 필요한 과정입니다.

책 속의 정보를
온전히 파악해요

📖 **나란히 있을 때 빛을 발하는 두 친구, 기본서와 보충서**

"수업 때마다 한 권씩 읽는 게 국룰 아니에요? 한 권을 더 읽으라고
요? 선생님, 이건 불공평해요."

   준하의 입에서 이렇게 원망 가득한 항의가 봇물 터지듯 쏟아진 데
는 이유가 있습니다. 한 권도 꼼꼼히 읽기 힘든데, 두 권을 읽으라니
요. 원칙에서 벗어난 것 같아 억울한 마음이 한가득입니다. 준하의 마
음은 잘 알지만, 안쓰러운 마음에 한발 물러설 수는 없습니다. 한발 양
보하면 앞으로의 수업은 더 어려워질 것이 뻔하거든요.

   수업 원칙은 2주에 한 권을 꼼꼼히 읽고, 쓰기로 연결해 마무리하는
것입니다. 하지만 이 원칙을 깨야 하는 예외적인 상황이 있습니다. 바

로 '보충서'가 필요할 때입니다.

준하는 책을 성실하게 읽는 아이지만, 곰곰이 생각하는 법은 익숙하지 않습니다. 책을 읽으며 의미를 곱씹거나, 더 정확히 이해하기 위해 몇 번이고 반복해 읽는 일은 없습니다. 엄마나 선생님이 시킨 대로 딱 한 번만 읽습니다. 물론 조금 더 노력을 기울였으면 하는 바람이 있지만, 약속을 잘 지키는 모습만으로도 대견합니다.

이런 준하에게 골칫거리는 과학책과 사회책입니다. 엄마나 선생님이 골라준 책을 성실히 읽지만, 읽으면서도 내용이 아리송하다고 느끼는 경우가 많습니다. 그럴 때면 곧바로 저에게 와서 이런저런 질문을 던지지요.

"선생님, 췌장이 어디 있어요?"
"우리 몸 안에 '이자'가 뭐예요? 이자는 돈 빌리면 이자 쳐서 갚는
거 아니에요?"
"군현제가 뭐예요?"

요즘은 교과서도 화려한 편집과 세련된 구성으로 아이들에게 한층 친근하게 다가옵니다. 하지만 겉모습이 달라졌다고 내용이 마냥 쉽게 이해되는 것은 아닙니다. 아무리 상상력을 발휘해도 내용이 머릿속에 그려지지 않을 때, 모르는 어휘가 많아 이해가 멈출 때, 설명이 잘 와닿지 않을 때, 혹은 배경지식이 부족해서 내용이 흐릿할 때가 있습니

다. 이럴 때는 지금 읽는 책 한 권만으로는 충분하지 않습니다.

　이처럼 한 권의 책을 온전히 이해하기 위해서는 이해를 도와줄 보충서의 도움이 필요할 때가 있습니다. 기본서와 보충서는 서로 보완하며 함께 읽을 때 더 큰 가치를 발휘합니다. 보충서는 말 그대로 보완의 역할을 할 뿐 아니라, 두 권 모두를 깊이 이해하도록 돕는 훌륭한 친구가 되어줍니다.

기본서와 보충서 고르기

궁합이 잘 맞는 기본서와 보충서는 어떤 것일까요? 대표적인 비문학인 과학과 사회 분야 책을 예로 들어보겠습니다.

과학 분야

• 기본서 : 《과학은 쉽다! 3: 우리 몸의 기관》(김정훈 지음, 비룡소)
• 보충서 : 《의학은 어렵지만 내 몸은 알고 싶어》(케이티 스토크스 지음, 월북주니어)

　《과학은 쉽다! 3: 우리 몸의 기관》은 세포부터 시작해 소화기관, 호흡기관, 운동기관, 배설기관 등 우리 몸속 다양한 기관의 역할을 친절하게 소개하는 책입니다. 하지만 몸에 대해 이제 알아가기 시작하는 아이들에게는 간, 위, 콩팥과 같은 기관이 정확히 어디에 위치하는지, 실제로 어떤 모양인지 궁금증이 남습니다.

이때 보충서《의학은 어렵지만 내 몸은 알고 싶어》를 활용하면 문제를 해결할 수 있습니다. 이 책은 우리 몸 내부 기관의 위치와 작용을 시각적으로 보여주어서 아이들이 하나하나 확인해보고 과학적 개념을 더 쉽게 이해하도록 돕습니다.

사회 분야(정치)

- 기본서 :《법 만드는 아이들》(옥효진 지음, 한경키즈)
- 보충서 :《옥효진 선생님의 법과 정치 개념 사전》(옥효진 지음, 다산어린이)

의외로 많은 아이들이 가장 어려워하는 과목이 바로 사회입니다. 아이들이 초등학교에서 배우는 사회 교과서는 정치·법·지리·역사처럼 추상적이고 구조적인 개념을 다루기 때문에 일상생활과 잘 연결되지 않습니다. 또한 교과서는 내용이 연속적이지 않고 단원 단위로 나뉘어 있어서 맥락 전체를 읽기보다, 단편적인 개념과 사실만을 암기하는 경향이 생기기 쉽습니다. 위기의 단원평가를 벼락치기 암기로 외워서 넘기고 나면, 공부한 내용은 다음 과정의 이해를 위한 디딤돌로 쓰이지 못하고 곧 휘발되고 맙니다.

사회 과목을 제대로 이해하고 이어지는 중·고등 과정의 기반을 만들어 자연스럽게 연결해나가기 위해서는 낯선 용어의 정의, 복잡한 절차 대한 이해, 그리고 배경지식이 필요합니다. 예를 들어《법 만드는 아이들》에서 아이들은 '1일 1체육법'을 만들기 위해 국회 '본회의' 시간에 제안을 표결에 부치게 됩니다. 법이 어떤 절차를 거쳐 만들어 지는지 구체적인 내용은 보충서《옥효진 선생님의 법과 정치 개념 사전》에 자세히 소개되어 있습니다. 보충서를 통해 배경을 이해하면 단어의 개념도 맥락 속에서 자연스럽게 정리됩니다. 기본서를 통해 전체 내용의 흐름을 익히고, 보충서를 통해 어휘의 정의와 배경을 확인하면 큰 그림 속에서 연결된 지식을 쌓을 수 있습니다.

사회 분야(경제+역사)

• 기본서 :《경제의 핏줄, 화폐》(김성호 지음, 미래아이)
• 보충서 :《개념연결 초등 세계사 사전》(배성호·이종관 지음, 비아에듀)

사회책은 정치, 경제, 역사, 문화 등 여러 가지 분야의 책을 섞어서 읽어도 좋습니다. 이때 보충서를 처음부터 끝까지 읽지 않고, 관련된 부분만 읽어도 도움이 됩니다. 초등학생을 위한 입문 경제서《경제의 핏줄, 화폐》를 봅시다. 이 책은 4학년 교과 연계 도서로, 돈의 역사를 통해 사회와 경제의 발전 과정을 쉽고 친절하게 풀어냅니다. 이 책 한 권을 제대로 읽어내기만 한다면 우리나라와 세계의 사회·경제 여러 영역이 왜 지금과 같은 상황에 놓이게 되었는지를 알게 되지요. 이 책에는 제2차 세계대전 이후 냉전시대에 미국이 금본위제를 포기하게 된 사정이 나옵니다. 이와 관련해서《개념연결 초등 세계사 사전》을 참고해봅시다. 이 책은 '차가운 전쟁' 냉전이 어떤 것인지, 당시 미국과 러시아의 관계가 어땠는지를 짤막하지만 재미있게 설명하고 있습니다. 토막 지식을 알아가며 잠시 환기도 하고, 냉전에 대한 궁금증도 충분히 해소할 수 있습니다.

기본서와 보충서 알차게 활용하려면

그럼, 지금부터 기본서와 보충서를 알차게 활용하는 구체적인 방법을 안내합니다. 어떤 책을 골라 어떻게 읽히면 좋을지 잘 들어보세요.

1. 보충서는 기본서가 정해진 뒤에 선택합니다

기본서의 주제가 '우리 몸'이라면 다음과 같은 사항을 확인하세요.

✓ 우리 몸 내부 기관에 관한 풍부한 그림과 사진이 있는가?
✓ 기관의 작용에 관해 시각적으로 보여주고 있는가?
✓ 기본서와 비슷한 어휘를 포함하고 있는가?
✓ 어휘를 쉽게 설명하고 있는가?

　기본서의 내용을 더 구체적으로 확장하는 책, 혹은 기본서에서 다루는 개념이나 어휘를 쉽게 풀어서 설명해주는 책을 고릅니다. 기본서를 읽으며 생기는 궁금증을 바로바로 해결해주는 책이라 생각하면 좋습니다.

2. 보충서를 기본서보다 먼저 읽습니다

보충서를 먼저 읽으면서 낯선 어휘와 친숙해지고 전체적인 개념을 익히게 해주세요. 이후 기본서를 읽습니다. 두 권을 모두 읽었다면, 두 책을 나란히 펼쳐 놓고 모호한 부분이나 궁금한 어휘, 그림 등을 다시 확인합니다.

3. 새로 배운 내용을 단단히 다집니다

기본서와 보충서를 모두 읽고 나면 아이는 주제에 대해 어느 정도 개념을 잡게 됩니다. 부모님은 질문을 통해 아이가 배운 내용을 확인하고 확장할 수 있도록 돕습니다.

아이에게 질문할 때는 중요한 원칙이 있지요. "이 책은 어떤 내용이야?" 혹은 "우리 몸이 어떻대?"처럼 너무 크거나 두루뭉술한 질문은 답하기 어렵습니다. "위는 우리 몸 어디에 위치하는 기관이야? 어떤 역할을 해?"와 같이 구체적이고 범위가 제한된 질문을 해주세요. 기억하세요. 범위는 좁게, 내용은 구체적으로.

4. 아이는 선생님, 엄마는 학생이 되어보세요

아이에게 선생님 역할을 맡겨보세요. 조각조각 이어진 엄마의 질문 대신, 아이가 직접 주제를 설정한 후 엄마에게 설명하는 방식입니다. 기억을 더듬어 설명하는 과정에서 아이는 새롭게 배운 책 속의 어휘를 사용하기도 하고, 핵심 개념을 자신의 말로 풀어내기도 합니다. 주도적으로 지식을 구성하고 설명하며 책 전체의 내용을 스스로 정리하는 경험을 하게 됩니다. 이렇게 능동적으로 설명한 기억은 오랜 시간 동안 머리에 남아 훌륭한 배경지식이 되어줍니다.

이렇게 기본서와 보충서를 효과적으로 사용하는 법을 살펴보았습니다. 기본서는 핵심적인 내용을 전달하고, 보충서는 이를 확장하여 배경지식과 심화된 이해를 제공하지요. 두 가지 책이 긴밀히 연결될 때, 아이들은 단편적인 지식을 넘어 전반적인 책의 흐름을 온전히 파악하고, 나아가 스스로 정리하여 표현하는 능력을 키울 수 있습니다. 이런 습관은 이후 아이가 혼자 공부하는 힘을 키울 때도 중요한 영향을 끼칠 것입니다. 기본서와 보충서를 유기적으로 활용하는 독서법, 아이와 함께 꾸준히 실천해보세요.

1. 비문학 책은 생소한 어휘와 익숙하지 않은 주제로 아이들이 읽기 어려운 경우가 많습니다. 특히 배경지식이 부족하면 내용의 맥락을 파악하기가 더욱 힘들어지지요. 이때 보충서를 활용하면 한 권의 책을 온전히 이해하고, 훨씬 더 편하게 접근할 수 있습니다.

2. 보충서는 기본서의 내용을 더 구체적으로, 쉽게 풀어서 설명해주는 책으로, 아이들의 궁금증을 그때그때 해소해줍니다. 부모님이 먼저 내용을 파악하여, 필요한 순간에 보충서를 적절히 활용하도록 해주세요.

3. 아이가 개념을 완전히 익혔다면, 일일 선생님이 되어서 배운 내용을 엄마에게 설명하는 시간을 가져보세요. 이때, 아이는 그동안 갖고 있던 단편적인 지식을 통합적이고 맥락 있는 지식으로 만들게 됩니다.

PART 4

독서 솔루션 3단계_ 유형별 읽기

: 구성 요소 파악하기, 문단 읽기, 글의 종류 이해하기

이야기의 구성 요소를
파악하며 읽어요

📖 문학에서 구성 요소를 꼭 알아야 할까?

"얘들아, 슬프지?"

"아뇨, 왜 슬퍼요?"

아이들과 함께 《모두 웃는 장례식》(홍민정 지음·오윤화 그림, 별숲)을 읽은 날이었습니다. 책 속에는 암 투병 중인 할머니가 등장합니다. 할머니는 자신에게 남은 시간이 많지 않다는 이야기를 듣고서, 곧 다가올 생일에 '생전 장례식'을 치르고 싶다는 뜻을 가족들에게 전합니다. 마지막이 될지 모르는 생일에 장례식을 준비하겠다는 할머니의 결정을 아빠와 윤서는 이해하기 힘들지만, 결국 할머니를 위해 생전 장례식 준비를 하게 됩니다.

아이들이 한껏 몰입하여 촉촉한 눈빛으로 감상을 전해주길 기대했건만, 버석버석한 아이들의 목소리를 들으니 제 예상은 빗나간 모양입니다.

"그 부분 있잖아, 윤서가 할머니에게 감사패 전달할 때랑 할머니가 윤서 애착 인형 색동이 손봐주시고 말씀하시는 장면. 선생님은 정말 울컥하던데?"
"아. 그 부분은 좀 그렇긴 해요."
"그럼, 질문 한 가지. 이 책에서 주요 사건이 뭘까?"
"어… 할머니가 암에 걸린 거요."
"엄마 아빠가 부부싸움 하신 거요."
"할머니 생신에 장례식을 열기로 한 일이요."

할머니의 모습에 북받치는 감정은 저만 느꼈을지라도, 이야기의 구성 요소를 이해하고 분석하는 경험은 아이들 모두와 나눠야지요.
우리는 흔히 '인물·사건·배경', 이 세 가지를 이야기의 구성 요소라고 배웁니다. 그런데 사실 아이들 입장에서는 여러 인물과 사건이 복잡하게 얽힌 이야기 속에서 중심이 되는 사건을 찾는 것은 쉽지 않습니다. 그렇더라도 저는 아이들에게 세 가지 구성 요소 찾기 연습을 꾸준히 시킵니다.
문학에서 이야기의 구성 요소를 파악하는 이유는 작품 이해의 출발점이 되기 때문입니다. 구성 요소를 파악하는 것에 익숙한 아이들은 사건이 전개되는 데 무엇이 어떤 영향을 끼치는지를 읽어낼 수 있습니다. 이야기를 피상적으로 이해하는 것이 아니라, 인물들 간의 관계를 중심으로 재구성할 수도 있지요. 조금 길거나 어려운 이야기라도 흐름과 전개를 더 쉽게 파악할 수 있습니다.

저는 서툴더라도 아이들이 각각의 요소를 손으로 써보도록 합니다. 이야기에 대해 깊이 사고하고 재구성하는 과정은, 직접 손으로 쓰지 않고 머리로만 생각해서는 한계가 있거든요. 고심해서 써본 아이와 써보지 않은 아이는 작품에 대한 이해력과 표현력, 주제 정리에서 많은 차이를 보입니다.

이 책의 구성 요소는?

《모두 웃는 장례식》을 살펴봅시다. 이 이야기의 인물, 사건, 배경은 각각 무엇일까요?

인물	• **윤서** : 할머니의 손녀로 '생전 장례식'을 준비하며 감정적으로 성장함. • **윤서 아빠** : 할머니를 위해 가족들 간의 좋지 않은 감정은 뒤로하고 적극적으로 장례식 준비를 도맡아 함. • **윤서 엄마** : 아빠와의 관계가 좋지 않아 상하이에서 따로 살며 바쁘게 일하지만, 윤서와 가족들을 걱정함. • **할머니** : 암 투병 중이며 생전에 가족들, 옛 지인들과 함께 모여 마지막으로 삶을 정리하길 원함.

사건	• 암 투병 중인 할머니가 남은 시간이 얼마 없음을 알고, 생일날 생전 장례식을 치르기로 결심함. • 윤서와 아빠는 당황스럽고 안타깝지만, 할머니의 뜻을 존중하며 장례식을 준비함. • 소식을 들은 가까운 사람들이 모이고 함께 장례식을 완성해감.
배경	• **공간적 배경** : 윤서의 집과 그 주변 • **시간적 배경** : 할머니가 돌아가시기 전, 생전 장례식을 준비한 석 달 동안

단순한 플롯의 소설이니 이 정도로 간략하게 정리할 수 있습니다. 여기서 핵심 사건은 '할머니가 마지막 생일에 장례식을 치르기로 결심했다'이고, 그 결과는 '윤서와 가족들은 할머니의 뜻을 존중해 생전 장례식을 준비했다'는 것입니다.

아이들의 경우를 살펴볼까요? 간단하게 핵심 사건과 결과를 연결 짓는 아이도 있지만, 결과와 직접적인 관련이 없는 엉뚱한 이야기를 하는 아이도 있습니다. 예를 들어 '윤서의 엄마와 아빠가 말다툼을 했다'라거나 '장례식 당일에 엄마가 할머니를 꽃단장해 주었다'라는 내용은 인상적일지는 몰라도 핵심 사건은 아니지요. 아이들은 플롯을 파악하는 데 필요한 핵심 사건과 주변 사건을 구분하는 능력이 아직 완전히 발달하지 못했기 때문에 이렇게 답할 수 있습니다. 그럴수록 사건과 결과를 연결하는 연습을 꾸준히 해서 이야기의 큰 틀을 이해하도록 도와야 합니다.

이번에는 '인물'이라는 구성 요소를 중심으로 생각해봅시다. 할머니와 윤서는 어떤 성격이며, 관계는 어떤가요?

1. 윤서
상황을 빠르게 이해하고 스스로 할머니를 위해 무엇을 해야 할지 판단함.
→ 똘똘하고 분별력이 있음.
할머니를 위해 생일날 장례식을 준비하며, 감사패를 제작해 할머니에게 자신의 마음을 표현함.
→ 가정적이고 따뜻함.

2. 할머니
감정적인 상황에서도 침착하고 온화함.
→ 이성적임.
서운함이나 섭섭함을 드러내지 않고 오히려 다른 이들을 챙김.
→ 배려심이 깊음.

극중 윤서와 할머니의 성격은 이야기의 진행에 큰 영향을 미치게 됩니다. 주인공의 성격과 서로의 관계, 시간 혹은 공간적 배경을 염두에 두고서 글의 전개를 좀 더 상세하게 펼쳐봅시다.

윤서는 방학을 맞아 중국에 있는 엄마를 만나러 갈 계획이었습니다. 그러나 암으로 병원에 계시던 할머니가 집으로 돌아오시게 되고, 윤서는 중국에 가지 않기로 결심합니다.

▼

돌아오신 할머니는 어쩌면 마지막이 될지 모르는 생일날 가까운 사람들을 초대해 생전 장례식을 치르고 싶다는 뜻을 밝힙니다.

▼

생전 장례식을 준비하며 윤서의 아빠는 다른 가족들과 갈등을 빚습니다. 하지만 결국 가족들은 할머니의 뜻을 존중하며 장례식을 준비하게 됩니다.

▼

할머니의 생전 장례식 날, 가족들과 할머니를 아는 사람들이 모두 모여 함께 시간을 보냅니다. 윤서는 할머니께 직접 만든 감사패를 전하며 사랑과 감사의 마음을 전합니다. 장례식이 끝난 뒤, 할머니는 그간 몰래 손봐왔던 윤서의 애착 인형을 꺼내어 선물로 남깁니다.

▼

생전 장례식을 치른 할머니는 여름 방학과 겨울 방학 사이에 세상을 떠납니다. 이후 윤서는 엄마가 있는 중국으로 떠나 여행을 시작합니다.

《모두 웃는 장례식》은 죽음을 슬픔으로 받아들이기보다, 서로를 위로하고 기억하는 것이 이별의 한 방식임을 알려줍니다. 이렇게 이야기의 구성 요소를 명확히 정리하면 사건의 흐름과 주제를 찾는 일이 훨씬 수월해집니다. 한 편의 문학 작품에서 주제는 단순히 느낌에 의존해 찾는 것이 아닙니다. 뒷받침할 수 있는 근거가 반드시 필요하며, 이러한 근거는 구성 요소를 잘 정리하고 요약한 내용에서 확보할 수 있습니다.

엄마의 똑똑 가이드

1. 문학에서 이야기의 구성 요소를 파악하기 위해서는 글의 내용을 제대로 읽어내는 독해력, 내용을 분석하고 파악하는 이해력, 글을 쓸 수 있는 구성력과 표현력을 요구합니다. 이러한 능력을 기르기 위해 구성 요소를 파악하는 연습이 필요합니다.

2. 구성 요소를 작성할 때는 단순하고 쉬운 이야기책부터 시작해보세요. 익숙해지고 나면 더 다양한 인물이 나오고 여러 가지 사건이 얽힌 복잡한 내용의 책도 도전해봅니다.

3. 머릿속으로 생각하지 말고 반드시 손으로 작성해보세요. 작성한 구성 요소를 바탕으로 주제를 도출하는 것으로 활동을 마무리해주세요.

읽기의 핵심,
문단 읽기를 해봐요

📖 핵심은 단어가 아닌 맥락에 있어

오늘도 평화로운 5학년 아이들. 겉보기엔 아무런 문제가 없습니다. 방금 함께 읽은 기사에 대해서 나누는 아이들의 이야기기 겉돌고 있다는 점만 빼면요. 기사 자체는 비교적 짧았고, 아이들이 흥미를 가질 만한 틱톡과 관련된 내용이었기에 핵심을 쉽게 파악할 거라 생각했죠. 그러나 예상은 이번에도 보기 좋게 빗나갔습니다. 아이들은 기사의 내용을 완전히 다른 방향으로 해석하고 있었습니다.

"얘들아, 이 기사를 쓴 기자가 전달하고 싶은 내용이 뭘까?"
"틱톡 퇴출이요!"
"와~ 대박, 너 어떻게 알았냐! 천잰데?"

"선생님 저도요. 틱톡 퇴출에 관한 이야기요!"

"그래 맞아. 틱톡 퇴출에 관한 이야기. 근데 틱톡 퇴출의 무엇에 관한 이야기인데?"

"틱톡 퇴출이요!"

"…."

어떤 기사였는데 아이들의 대답이 이런지 한번 살펴볼까요?

조 바이든 미국 대통령이 '틱톡(TikTok) 퇴출법'에 서명했습니다. 이에 따라, 앞으로는 미국에서 틱톡을 사용하지 못하게 될 수도 있습니다. 이 법에 따르면, 틱톡이 미국에서 계속 운영되려면 1년 안에 미국 회사를 다른 곳에 팔아야 합니다. 그렇지 않으면 미국에서 틱톡 사용이 금지될 수도 있습니다. 틱톡은 미국에서 1억 7,000만 명이 쓰고 있을 정도로 인기 많은 앱입니다. 그래서 많은 사람들이 이 법에 반대할 거라고 예상했지만, 조사를 해보니 미국인의 절반 정도가 이 법에 찬성하는 것으로 나타났습니다.

미국 정부가 틱톡을 금지하려는 이유는 보안에 대한 우려 때문입니다. 틱톡이 중국 회사(바이트댄스)에서 만들었기 때문에, 미국 사람들의 정보를 중국 정부에게 넘겨주게 될까 봐 걱정하고 있습니다. 그래서 미국 의회와 바이든 대통령은 미국에서 틱톡을 퇴출하는 법안을 만든 것입니다.

여론조사에 따르면, 미국 사람들도 비슷한 걱정을 하고 있습니다. 조사에 참여한 사람들의 58%는 "중국이 틱톡을 이용해 미국 사람들의 생각에 영향을 줄 것 같다"고 답했습니다. 또 46%는 "중국이 틱톡을 이용해 미국 사람들을 감시할 수도 있다"고 답했습니다. 보안을 우려하는 정치인들의 생각에 많은 사람들이 공감하는 것으로 보입니다.

이번 조사는 18세 이상 성인을 대상으로 했습니다. 조사 결과를 보면, 나이가 적을수록 틱톡 금지에 반대하는 사람이 많은 것으로 나타납니다. 40대 이상의

60%가 틱톡 금지를 찬성한 것에 비해, 18~39세는 40%만 찬성했습니다. 이처럼 연령대에 따라 생각이 다를 수도 있습니다. 앞으로 틱톡이 미국에서 계속 운영될지, 아니면 사라질지 지켜봐야 할 것 같습니다.

아이들은 기사를 읽을 때 특정 단어에만 집중하는 경우가 많습니다. "조 바이든 대통령이 미국 내 보안을 우려해서 틱톡 퇴출법에 서명했다"는 내용의 기사에서 아이들은 '틱톡 퇴출법'이라는 단어에만 주의를 기울였습니다. 하지만 이 기사의 핵심은 '틱톡을 퇴출하고자 하는 정치적 배경과, 이에 대한 미국 국민들의 생각'에 있습니다. 아이들은 특정 단어에만 집중한 탓에 기사 전체의 맥락을 놓치고, 글의 핵심을 이해하지 못한 것입니다. 맥락을 이해했다면 단순히 '틱톡 퇴출법'으로 내용을 정리할 수는 없었겠지요.

📖 생각의 덩어리를 따라가 보자

한 편의 글을 제대로 이해하기 위해서는 '문단'이 중요합니다. 초등학교 3학년 때부터 배우는 문단의 개념은 글 읽기의 기본입니다. 즉, 글을 읽는다는 것은 글의 기본이 되는 문단을 잘 파악하고 엮어진 문단들을 이해하는 것입니다. 글쓴이는 자기 생각을 독자에게 명확히 전달하기 위해 문단을 나누고, 각 문단을 논리적으로 정렬하려고 애쓰기 때문입니다. 조금 더 자세히 살펴볼까요?

글을 쓴다는 것은 문단들을 펼치는 것이다. 문단은 하나의 중심 생각을 표현한 한 덩어리의 글로 전체 글의 일부분이며, 긴 글이든 짧은 글이든 그 글들의 기본 단위는 문단이다. 즉, 실제적인 글 한 편을 쓴다는 것은 문단을 엮어나가는 것이고 글의 기본 단위가 되는 문단 쓰기가 잘 이루어져야 글을 잘 쓸 수 있다.[6]

글쓴이가 문단이라는 생각의 덩어리들을 엮어서 글을 쓰기 때문에, 읽는 사람 또한 하나의 덩어리에 어떤 생각이 담겨 있는지를 차근차근 따라가야 글의 의도를 제대로 파악할 수 있습니다. 문단 하나하나는 글에서 각자 맡는 역할이 있습니다. 그렇기에 한 문단, 한 단어에 매달리면 전체 글의 모습이 보이지 않아요. 마치 글쓴이와 끊임없이 대화하듯 문단 단위로 내용을 파악하는 것이야말로, 글쓴이의 생각을 가장 정확히 이해하는 방법입니다.

이는 타인의 언어로 표현된 텍스트를 읽고 해석하는 작업입니다. 이 과정에서 아이들은 글쓴이가 전달하고자 하는 메시지를 파악하는 능력 즉, 문해력을 높이게 됩니다.

우리 아이들에게도 단어 하나가 아니라 문단 단위로 읽고 글의 흐름을 논리적으로 정리할 수 있도록 알려줘야 합니다. 어떻게 해야 할까요?

---

6   조미혜, 「문단 쓰기 프로그램을 통한 논설문 쓰기 지도 방안 연구」(한국교원대학교 교육대학원, 2022)

텍스트 이해의 핵심 방법, 문단 나누기

1. 문단 나누기

지금부터 '신발'에 관한 이야기를 해보려고 합니다. 문단이 어떻게 나뉘어 있는지에 주의하면서 다음 글을 읽어보세요.

신발은 발을 보호하고 편안하게 하기 위한 도구로, 땅과의 직접적인 접촉을 막아 발이 다치지 않도록 돕는다. 또한 날씨 변화로부터 발을 보호하며, 걸을 때 충격을 줄이는 역할을 한다. 현대에는 신발의 기능뿐만 아니라 디자인과 패션 요소도 중요한 역할을 한다. 신발은 단순한 생활용품이 아니라 필수적인 요소로 자리 잡았다.

신발은 시대와 문화에 따라 발전해왔다. 과거에는 신발이 신분과 계급을 나타내는 상징이었다. 예를 들어, 유럽의 귀족들은 값비싼 가죽과 장식이 들어간 신발을 착용했으며, 동양에서도 신발의 형태와 재질이 사회적 위치를 보여주는 요소였다. 현대에는 개성과 스타일을 표현하는 수단이 되었다. 스포츠화, 정장 구두, 샌들 등 다양한 신발이 사람들의 취향과 라이프 스타일을 반영하며, 이제는 패션, 예술, 기술이 결합된 산업으로 발전했다.

신발의 역사는 인류의 문명과 함께 시작되었다. 가장 오래된 신발은 약 1만 년 전 신석기 시대에 등장한 것으로 알려져 있으며, 동물 가죽이나 식물 섬유로 만들어졌다. 고대 이집트에서는 파피루스로 만든 샌들을 신었고, 로마 시대에는 가죽 샌들과 장화가 발전하면서 군인과 귀족들의 신발이 차별화되었으며, 중세 유럽에서는 길고 뾰족한 신발이 유행했다. 산업혁명 이후 대량 생산이 가능해졌고, 20세기에는 기능성과 디자인을 겸비한 신발이 등장했다. 현재는 기술의 발전으로 운동화, 방수 신발, 기능성 신발 등이 개발되고 있다.

신발은 용도와 디자인에 따라 다양한 종류로 나뉜다. 운동화는 스포츠 활동에 적합하며, 정장 구두는 공식적인 자리에서 착용된다. 샌들은 통풍이 잘되어 여름철에 착용하기 적합한 신발이다.

부츠는 발목이나 종아리를 감싸는 신발로, 겨울철 보온성이 뛰어나며 다양한 패션 스타일에 활용된다. 슬리퍼는 실내나 가벼운 외출 시 편하게 신을 수 있는 신발로, 착용이 간편하다. 이처럼 사람들은 용도에 따라 다양한 신발을 신는다.

이 글은 총 4개의 문단으로 이루어져 있습니다. 글의 주제는 '신발'이며, 각 문단은 다음과 같이 신발에 관한 여러 가지 정보를 제공합니다.

- 1문단: 신발의 정의
- 2문단: 시대에 따른 신발의 의미
- 3문단: 신발의 역사
- 4문단: 신발의 종류와 특징

중요한 점은 주제와 문단의 의미를 혼동하지 않는 것입니다. 주제는 '신발'이라는 하나의 대상이지만, 문단은 신발과 관련한 서로 다른 정보를 전달합니다. 정의, 의미, 유래와 역사, 종류 등 하고 싶은 이야기가 여러 가지이기 때문에 이를 별도의 문단으로 나누는 것입니다. 아이들이 글을 읽을 때도, 글의 주제는 하나이지만 문단마다 서로 다른 이야기를 담고 있음을 상기시켜 주세요.

2. 중심 내용 파악

문단을 구분하고 중심 내용을 파악했다면, 이제 그 내용을 적어봅니다. 문단의 중심 내용은 밑줄을 긋거나 문장을 그대로 옮겨 쓰는 것이 아니라, 아이들이 직접 생각하고 자신의 말로 풀어 쓸 수 있도록 해주세요. 이렇게 하면 문단을 제대로 이해했는지 확인할 수 있습니다.

문단의 개수는?	4개
글의 주제	신발
1문단	**중심 내용: 신발의 정의** 신발은 발을 보호하는 기본 기능뿐 아니라, 패션의 일부로서 인간 생활에 필수적인 역할을 한다.
2문단	**중심 내용: 시대에 따른 신발의 의미** 신발은 시대와 문화에 따라 신분의 상징에서 개성을 표현하는 수단, 산업의 하나로 발전해왔다.
3문단	**중심 내용: 신발의 역사** 신발은 인류 문명과 함께 시작되어 시대와 나라에 따라 다양한 형태로 발전해왔으며, 현대에는 기술과 디자인이 결합된 형태로 진화했다.
4문단	**중심 내용: 신발의 종류와 특징** 신발은 사용 목적에 따라 다양한 형태로 나뉘며, 각각 기능과 특징이 다르다.

3. 한 문단 정리

각 문단을 구분하고 내용을 적었나요? 그렇다면 이제 여러 문단을 종합하여 하나의 문장이나 문단으로 정리해봅시다. 이 과제를 할 때 많은 아이들이 각 문단의 중심 문장을 단순히 연결하는 것으로 대신하려 합니다. 여기서도 마찬가지로 직접 생각하여 새로운 글을 스스로 재구성해볼 수 있도록 지도해주세요. 이제 아이들 머릿속에는 책의 내용이 명확히 정돈되어서, 자신의 의견을 말하거나 글로 표현할 준비가 충분히 되었을 겁니다.

> 인간의 생활에 필수적인 신발은 시대에 따라 다양한 의미와 용도로 발전했다. 지금은 새로운 기술과 디자인을 적용해 신발을 만들며, 신발의 종류와 형태도 매우 다양하다.

이번에는 처음에 소개했던 '틱톡 퇴출법'에 관한 기사로 돌아가 봅시다. 이 지문 역시 위와 같은 방법으로 중심 내용을 정리하고 하나의 문단으로 표현해봅니다.

문단의 개수는?	4개
글의 주제	미국 정부가 보안을 이유로 틱톡 퇴출법을 추진하고 있으며, 국민들의 반응이 세대별로 다르게 나타나고 있다.
1문단	**중심 내용: 정부의 틱톡 퇴출 정책과 여론** 바이든 대통령이 서명한 '틱톡 퇴출법'에 대해 반발 여론이 거셀 거란 예상을 뒤집고 미국 성인의 절반이 틱톡 금지에 찬성했다.
2문단	**중심 내용: 정책의 이유** 미국 정부가 틱톡을 퇴출하려는 이유는 보안 때문이다.

3문단	**중심 내용: 국민들의 생각**
	많은 미국 사람들도 정부의 걱정에 공감하고 있다.
4문단	**중심 내용: 연령에 따른 찬반 차이**
	이번 조사는 성인을 대상으로 진행했고 연령이 낮아질수록 반대하는 경향이 크다.

위의 내용을 토대로, 한 문단 정리도 해봅니다.

미국 정부의 보안 우려로 추진된 '틱톡 퇴출법'이 예상을 뒤엎고 미국 국민의 절반 이상 지지를 받고 있다. 나이가 많을수록 찬성 비율이 높지만, 젊은 층은 상대적으로 반대 의견이 많다.

덩어리진 문단에서 중심 내용을 파악할 때는 무엇보다 올바른 근거와 연결 지어야 합니다. 단순히 활자를 읽는 것에 그치는 것이 아니라 원하는 정보를 정확히 찾아가고, 찾은 정보를 가공할 수 있는 힘은 여기에서 생깁니다. 이러한 과정이 쌓이면 결국 주제를 쉽게 파악하고 글의 의미와 메시지를 이해하는 바탕이 됩니다. 문단 읽기를 통해 아이들이 텍스트를 꼼꼼히 읽고, 정보를 자유로이 분석하고 조합하는 능력을 키우도록 도와주세요.

엄마의 똑똑 가이드

1. 글쓴이는 문단을 논리적으로 조직하여 글을 작성합니다. 그래서 '문단 읽기'는 글쓴이의 의도와 생각을 정확히 이해하는 효과적인 방법입니다. 아이들이 각 문단의 중심 생각을 파악하고 정리하는 연습을 꾸준히 하도록 도와주세요.

2. 문단의 중심 내용을 정리하는 활동을 할 때는, 아이들이 '자신의 말'로 풀어서 정리하도록 해주세요. 책에 나온 내용을 그대로 옮겨 적을 때는 이해하는 과정이 생략되기 쉽습니다. 이해한 내용을 자기 언어로 바꾸는 훈련이 중요합니다.

3. 각 문단의 중심 내용을 잘 정리했다면, 이를 하나의 문장이나 문단으로 간추리는 활동으로 마무리해주세요. 이렇게 구성된 표현은 아이가 글을 요약하고 의견을 쓰는 데 큰 도움이 됩니다.

가장 많이 접하지만 불편한 글, 설명문 읽기

📖 **배경지식이 부족하면 설명문을 못 읽나요?**

5학년 사회 교과서를 읽던 중이었습니다. 진수가 옆자리의 슬기에게 넌지시 묻습니다.

"넌 다 이해 가?"

"대충? 너는?"

"나는 잘…."

진수는 읽은 내용을 알 것 같다고 말할 자신이 없습니다. 낯선 단어와 복잡한 문장들이 머릿속을 어지럽게 만들었기 때문입니다. 진수를 좌절하게 만든 부분은 사회 교과서 1학기 내용 중 '우리나라의 기후'를 다룬 장입니다. 기온과 강수량의 변화를 이해하려면 기압과 대기의 순환이라는 과학적 개념이 필요합니다. 약간의 과학적인 지식이 있었다면 이해가 훨씬 쉬웠을 테지만, 단순히 배경지식만의 문제는 아닙니다.

우리는 무언가를 배우기 위해, 호기심을 해결하기 위해, 혹은 지식을 쌓기 위해 꼭 필요하고 중요한 내용들을 논리적으로 정리해놓은 책을 읽습니다. 시중에는 이러한 목적으로 정보를 제공하는 책들이 많이 나와 있지요. 아이들이 피할 수 없는 책인 교과서도 마찬가지입니다. 교과서는 뒷이야기가 궁금해지는 종류의 흥미로운 글은 아닙니다. 아이들의 지적 성장 단계에 맞춰 반드시 알아야 하는 기본적인 지식을 분류하고 정리한 책이죠. 이처럼 사실 정보를 체계적으로 제공하고 이해를 돕기 위해 작성된 글을 흔히 '설명하는 글', 즉 '설명문'이라고 부릅니다.

설명문은 정보를 잘 전달하기 위해 논리적으로 구조화된 글입니다. 정의, 예시, 비교, 대조 등 여러 가지 설명 방식을 사용하여 독자의 이해를 돕습니다. 어려운 용어와 어휘도 종종 등장합니다. 이러한 글의 구조와 설명 방식이 익숙하지 않은 아이들은, 단어의 의미를 추측하거나 문장의 의미를 정확히 파악하는 데 어려움을 느껴 글의 흐름을 잘 따라가지 못합니다. 특히나 어렵고 생소한 주제의 설명문은, 머리에 좀처럼 들어오지 않지요.

📖 설명하는 글 똑바로 따라가기

진수가 읽던 사회 교과서의 '우리나라 기후' 단원은 여러 가지 설명 방식이 결합된 내용입니다. 여기서는 정의, 비교, 인과 관계 등 다양한 설명 방식을 활용합니다. 이러한 구조에 익숙하지 않은 경우에는 문단마다 핵심을 놓치는 일이 잦습니다. 아마도 진수는 글을 읽던 도중 내가 무엇을 읽었는지 잊어버렸을 겁니다. 한번 글의 흐름을 놓치니 흥미가 급격히 떨어지고, 읽기 자체가 부담스럽게 느껴졌을 테지요. 결국 끝까지 글을 읽고 나서 기껏 말할 수 있는 건 책의 내용과 동떨어진 이야기이거나, 단순히 '어려웠다' 혹은 '모르겠다.' 같은 감상에 그치게 됩니다.

이런 불편한 읽기 경험이 누적되면, 아이는 자신감마저 잃게 되고 자연스럽게 학습 전반에 부정적인 영향을 미치게 됩니다. 그때부터는 글의 난이도와 상관없이 읽기에 거부반응이 일어날지도 모릅니다.

그렇다고 해서, 아이들에게 설명문 읽기 연습을 소홀히 할 수는 없습니다. 설명문은 우리가 학습과 지식을 쌓을 때 가장 많이 접하는 글의 형태이니까요. 이를 제대로 이해하는 능력을 기르는 것은 학습에서 중요한 토대가 됩니다. 그러니 지금은 어렵고 힘들지라도 진수는 제 학년을 잘 통과하기 위해 잘 읽어야 합니다.

그렇다면, 설명문을 논리적으로 따라가며 제대로 읽으려면 어떤 방법이 필요할까요?

설명하는 글 읽기 순서

1. 문단에 유의하며 가볍게 읽기

여러 번 강조해도 지나침이 없습니다. 문단은 글줄의 바뀜이나 들여쓰기로 파악할 수도 있고, 읽기 연습을 통해 내용이 바뀌는 부분으로 문단을 구분할 수도 있습니다. 문단이 바뀔 때마다 내용이 어떻게 달라지는지 유의하면서 글을 읽어보세요. 처음부터 완벽히 이해하지 않아도 괜찮습니다. 조금 어렵더라도 끝까지 가볍게 한 번 읽어보세요.

2. 핵심 문단 설정하기

문단에 관한 파악이 끝났다면 핵심 문단을 설정합니다. 핵심이라고 판단되는 문단 전체에 형광펜을 칠해 다른 문단과 구분합니다. 만약 문단에 관한 이해가 빈약하다면, 핵심 문단을 틀리게 설정할 확률이 높습니다.

◑ 핵심 문단 설정이 어렵다면

핵심 문단 설정이 어렵다면 '소리 내어 천천히 여러 번 읽기'를 추천합니다. 만약 글에서 반복하여 나오는 중요한 어휘가 있는데 그 뜻을 정확히 모르겠다면, 사전을 찾아서 내가 유추한 뜻과 같은지 확인하세요. 주요 어휘를 익히면 읽기에 대한 두려움이 한결 줄어듭니다.

글을 충분히 이해하지 못한 상태에서 대강의 힌트로 핵심 문단을 고르지 않도록 하세요. 주요 어휘를 익히며 소리 내어 천천히 여러 번 읽어보세요. 글 전체의 주제에 해당하는 핵심 문단이 눈에 들어올 겁니다.

여기서, 핵심 문단을 잘 선택했는지 확인해볼 간단한 방법이 있습니다. 해당 장의 제목을 살짝 보세요. 내가 선택한 문단의 주제가 전체 장의 제목과 일치한다면, 제대로 고른 겁니다. 글쓴이는 가장 핵심이 되는 내용을 장의 제목으로 뽑았을 테니까요.

● 핵심 문단이 여러 개인 경우

하나의 장에 핵심 문단이 한 개인 것이 보통이지만, 그렇지 않은 경우도 있습니다. 예를 들어 다양한 형태의 에너지를 주제로 하는 책 《궁금했어, 에너지》(정창훈 지음, 나무생각)를 볼까요? 이 책에는 원자력 발전의 좋은 점과 나쁜 점을 함께 소개하며 대안으로 핵융합을 제시하는 내용이 나옵니다. 여기에서 아이들은 대부분 멈칫합니다. 일단 이 장의 제목은 '원자력 발전의 빛과 음'입니다. 장 제목만 보면 원자력의 장단점을 설명하는 문단이 핵심 문단인 것 같은데, 막상 책에서는 핵융합을 힘주어 설명하고 있는 것처럼 보이거든요. 이럴 경우, 두 문단을 모두 핵심 문단으로 꼽는 것이 맞습니다. 장 제목에 다 담지는 못했지만, 분명 책에서 중요하게 다루는 메시지가 있기 때문입니다.

3. 문단의 설명 방법 파악하기

글쓴이는 자신의 지식을 독자에게 쉽게 전달하기 위해 다양한 설명 방식을 사용합니다. 크게 정의, 예시, 분류, 구분, 분석, 비교/대조, 인과 등이 있습니다.

* 정의 : 어떤 용어나 개념이 무엇을 의미하는지 명확히 설명하는 방법
  ☞ "우정이란, 친구와 서로 믿고 아끼는 마음입니다."
* 예시 : 구체적인 사례를 들어 설명하는 방법
  ☞ "나는 귀여운 동물을 좋아해요. 예를 들면 통통한 강아지요."
* 분류 : 어떤 주제를 특정 기준에 따라 같은 종류끼리 나눠서 설명하는 방법. 즉, 비슷한 것끼리 모으고 나누는 것
  ☞ "동물을 사는 곳에 따라 분류하면, 육지 동물(호랑이, 사자)과 물속 동물(물고기, 상어)로 나눌 수 있어요."
* 구분 : 하나의 대상을 성질이나 특징에 따라 다른 그룹으로 나눠서 설명하는 방법
  ☞ "동물은 척추의 유무에 따라 척추동물과 무척추동물로 구분할 수 있어요."
* 분석 : 하나의 큰 것이나 복잡하게 얽힌 것을 여러 부분으로 나눠서, 각 부분이 어떤 특징이 있는지 설명하는 방법
  ☞ "자전거는 바퀴, 핸들, 페달 등으로 나눌 수 있어요."

- 비교/대조 : 두 가지 이상의 것을 비교해서 비슷한 점을 찾고, 대조해서 다른 점을 찾는 방법

  ☞ 비교) "사과와 감은 둘 다 과일이에요."

  ☞ 대조) "사과는 빨갛고, 감은 주황색이에요."

- 인과 : 어떤 일이 왜 일어났는지(원인), 그리고 그 일이 어떻게 되었는지(결과)를 말하는 방법

  ☞ 원인) "눈이 많이 왔어요."

  ☞ 결과) "그래서 약속이 취소됐어요."

  핵심 문단을 포함하여 각 문단이 어떤 방법으로 주제를 설명하고 있는지 확인해보세요. 내용이 쉽게 이해되고, 글을 더 꼼꼼히 읽을 수 있습니다.

4. ○Ⅹ 퀴즈 만들기

해당 장을 충분히 이해했다면, 아이가 간단한 ○Ⅹ 퀴즈를 만들어보게 해주세요. 방법은 어렵지 않습니다. 한 가지만 지켜주시면 됩니다. 문제는 반드시 책의 내용을 바탕으로 만들어야 합니다. 그러니까 질문에 대한 답을 책 속의 문장으로 직접 확인할 수 있어야 합니다. 아이는 옳은 문장을 만들 수도 있고, 일부러 내용을 틀리게 적을 수도 있겠지요. ○인지 Ⅹ인지는 아이가 알고 있어야 합니다.

  예를 들어볼까요? 화산과 지층에 관한 책을 읽은 아이들은 이렇게

○× 퀴즈를 만들었습니다.

· 화산에서 분출된 용암을 마그마라고 한다.
· 화석은 생물에 대한 방대한 정보를 알려준다.
· 진도는 어디서 측정하는지에 따라서 달라진다.
· 쥐라는 그 시대에 가장 많이 살았던 공룡의 이름이다.
· 해저의 지층이 대륙의 지층보다 훨씬 오래되었다.
· 지구도 끓는 물처럼 대류 운동을 한다.

석유에 관한 책을 읽은 아이들은 아래와 같은 퀴즈를 만들었어요.

· 석탄은 나무보다 훨씬 우수한 에너지원이다.
· 전 세계적으로 사용되기 시작한 석유는 휘발유이다.
· 석유는 중동에서 나지 않는다.
· 우리나라의 물건 값이 비싼 이유는 공장이 비싸기 때문이다.
· 증기기관은 연료와 공기에 불꽃만 튀겨주면 즉시 움직인다.
· 석유의 가격을 정하는 것은 2가지이다. 1. 회의 2. 비밀회의
· 석유를 운송하는 많은 석유 회사들이 유조선을 가지고 있지 않다.

아이가 만든 퀴즈를 보면 책을 끝까지 읽었는지, 내용을 얼마나 이해했는지, 그리고 이해한 내용을 얼마나 정확하게 표현할 수 있는지를 알 수 있습니다. 만약 책의 내용을 근거로 답을 적을 수 없다면, 질문이 적절하지 않은 것입니다. 책을 충분히 이해하지 못했다는 뜻일

수도 있습니다. 이런 경우, 처음으로 돌아가 다시 읽고 핵심 내용을 점검하는 과정이 필요합니다. 핵심 문단을 살펴보면서 내용을 명확히 이해하고, 올바른 질문을 만들도록 지도해주세요.

　설명하는 글은 아이들이 가장 많이 접하는 글의 종류 중 하나입니다. 처음에는 서툴고 헤맬지도 모릅니다. 하지만 꾸준히 연습하면 익숙해집니다. 오늘부터 한 문단씩 읽고 질문하며 아이와 함께 연습해보세요. 아이의 학습에 큰 변화를 가져올 것입니다.

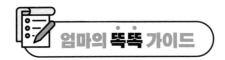

엄마의 똑똑 가이드

1. 설명문은 정보를 잘 전달하기 위해 논리적으로 구조화된 글이지만, 단어가 어렵고 구조가 복잡해 아이들에게는 장벽으로 느껴질 수 있습니다. 하지만 어렵다고 읽기를 회피하면 배움의 기초가 흔들리게 됩니다. 설명문은 학습의 핵심 도구이자 지식을 쌓는 기반이 되기 때문입니다.

2. 설명문에서 문단의 개념은 중요합니다. 아이가 읽기를 어려워한다면 문단을 잘 나누고 중심 내용을 이해하는지 확인해주세요.

3. 문단 개념 이해 → 핵심 문단 설정 → 설명 방식 분석 → 질문하기의 순서로 읽기를 진행하세요. 설명문 읽기는 논리적으로 따라가는 훈련입니다.

뭐가 사실이고 뭐가 의견일까? 논설문 읽기

📖 설명문과 논설문은 어떻게 다른 거야?

논설문을 작성해보는 날입니다. 오늘따라 아이들이 우왕좌왕 갈피를 못 잡고 '선생님'을 애타게 불러댑니다.

"오잉? 선생님, 의견만 쓰면 몇 줄 안 나오는데, 이게 맞아요?"
"선생님, 근거로 어떤 걸 써요?"
"선생님, 이거 느낌이 그냥 설명문 같은데요?"

아무래도 설명문과 논설문의 차이를 제대로 이해하지 못한 모양입니다. 설명문은 객관적인 사실과 정보를 제시하여 독자의 이해를 돕는 글입니다. 논설문은 사실을 바탕으로 하되, 주관적 의견과 논리를 포함합니다. 독자의 동의를 얻거나 행동을 유도하는 것이 논설문의 목표지요. 가장 가까운 예로 교과서는 많은 부분 설명문의 형식을 따르며, 신문 사설은 대표적인 논설문입니다. 분명히 다른 종류의 글인데 아이들에게 애매하게 느껴지는 부분이 있습니다. 바로 '이 지점'입니다.

논설문은 사실을 바탕으로 하되, 주관적 의견과 논리를 포함합니다.

아이들이 이해한 바로는 논설문이 '주관적 의견'으로 이루어져야 하는데, '사실을 바탕'으로 라고 하니 머릿속 계산이 느려지기 시작합니다. 아이들은 사실과 의견이 섞여 있는 논설문을 '대부분 사실'이라고 느끼거나, 정반대로 '대부분 의견'이라고 생각합니다. 사실과 의견을 구분하기 힘들기 때문입니다.

사실과 의견이 섞여 있는 논설문에서 두 요소를 구분하기 어려워 아이들이 혼란을 느끼는 것도 당연합니다. 그래서 잘 작성된 논설문을 자주 접하는 것이 중요합니다. 사실과 의견을 구분해보고, 어디까지가 주장이고 어느 부분이 근거인지를 검토해봅니다. 자신의 의견과 비교하는 과정 속에서 비판적 사고력이 또한 자라게 됩니다.

논설문을 작성할 때는 어떨까요? 타인을 설득하는 글을 써야 하므로 논리를 갖추기 위해 자료를 찾고, 정보를 분석하여 결론을 도출합니다. 이런 과정을 통해 분석력과 표현력, 공감 능력까지 다방면으로 성장하는 경험을 할 수 있습니다.

　설명문과 논설문의 특징을 바로 아는 것은 중·고등학교에서 수행 평가와 글쓰기 과제를 할 때도 필수적입니다. 때문에 아이들은 일찍 부터 다양한 글쓰기 장르를 이해하고 용도에 맞는 글을 작성하는 방 법을 배워두어야 합니다.

　자, 이제 논설문 제대로 읽기를 해볼까요? 다음은 우리의 아픈 역사 가 서려 있는 장소인 '사도광산'에 관한 사설입니다.

지난 24일 일본 니가타현 사도시에서 열린 제1회 사도광산 추도식이 일본 측 관 계자들만 참석한 채 진행되었습니다. 한국 정부 관계자와 유가족도 참석할 예정 이었으나, 일본 정부 대표로 참석한 인사가 2022년 8월 야스쿠니신사를 참배한 이력이 있다는 사실이 뒤늦게 알려지면서 참여하지 않기로 결정하였습니다. 이 에 따라 한국 측은 다음 날인 25일, 사도광산 주변 조선인 기숙사 터에서 별도의 추도식을 진행했습니다.

이번 추도식은 일본 정부가 사도광산을 유네스코 세계문화유산으로 등재하면 서 약속한 조치 중 하나였습니다. 당시 일본은 강제 동원된 한국인 노동자의 역 사를 알리는 전시물을 설치하고, 피해자를 기리는 추도식을 매년 개최하겠다고 하였으나, 이후 공개된 전시물에는 '강제 동원'이라는 표현이 빠져 있었습니다. 또한 첫 번째 추도식마저 야스쿠니신사를 참배한 부적절한 인사를 참석시키면 서 논란이 불거졌습니다. 이는 피해국인 한국뿐만 아니라, 일본에 역사적 사실 을 반영할 것을 조건을 내걸었던 유네스코의 결정을 무시하는 행보라 할 수 있 습니다.

이번 사안은 일본의 책임이 크지만, 한국 정부의 대응도 아쉬운 부분으로 지적 되고 있습니다. 유네스코 자문기구가 지난 6월, 강제 노역의 역사를 반영하지 않

으면 등재를 보류해야 한다는 권고를 내렸음에도 불구하고, 한국 정부는 이를 확실히 보장받지 못한 상태에서 등재 결정에 동의했습니다. 그 결과 전시물에 역사적 사실이 제대로 반영되지 않았으며, 피해자를 기리는 행사가 자축 행사로 변질되는 등 두 차례나 일본에 뒤통수를 맞는 사태가 벌어진 것입니다.

일본은 2015년 군함도를 세계유산으로 등재할 당시에도 희생자를 기리는 시설을 설치하겠다고 약속해놓고는 이를 지키지 않은 전례가 있습니다. 이번 사도광산 문제에서도 비슷한 태도를 보이며 역사 왜곡을 반복한 만큼, 한국 정부는 더 강경하게 대응하고 확실한 외교적 협상력을 발휘해야 할 필요가 있습니다. 한일 국교 정상화 60주년을 앞두고 양국 관계 개선이 기대되는 시점이지만, 이러한 상황이 지속된다면 우호적인 관계 형성은 쉽지 않을 것입니다.

논설문 제대로 읽기

1. 문단의 중심 내용 적기

비문학 텍스트를 명확하게 읽기 위해서는 먼저 문단을 파악하는 것이 중요합니다. 각 문단의 중심 내용은 무엇인지 한 문장으로 적어봅시다. 읽은 글을 그대로 옮겨 적는 것이 아니라, 이해한 핵심 내용을 아이 자신의 말로 정리해서 써야 합니다. 따라서 문단의 중심 내용은 기사문과 똑같지 않습니다. 이 과정을 통해, 글 전체의 핵심 주장과 이를 뒷받침하는 여러 근거를 구분할 수 있습니다. 글쓴이가 어떤 설득 전략을 사용하는지, 주장과 의도도 가늠할 수 있지요.

다음은 초6 아이가 적은 각 문단의 중심 내용입니다.

> 1문단 : 일본이 사도광산 추도식을 열었지만 한국은 참석하지 않았다.
> 2문단 : 일본은 약속을 어겼다.
> 3문단 : 한국 정부는 일본에게 뒤통수를 맞았다.
> 4문단 : 일본과 한국이 사이가 나빠질 예정이다.

아이 수준에서 적절하게 잘 써냈네요. 이후 수준이 높아질수록 좀 더 명확한 자신의 말로 간결하게 정리할 수 있게 될 것입니다.

2. 사실과 의견 구분하기

'의견'의 사전적 의미는 '어떤 대상에 대하여 가지는 생각'입니다. 의견과 사실을 구분해야 글의 내용이 합리적인 논거에 기반하고 있는지 판단할 수 있고, 왜곡된 정보에 흔들리지 않습니다. 많은 아이들이 사실과 의견을 구분하기 힘들어하지만, 지속적인 읽기 훈련과 다양한 글에 대한 분석 경험을 통해 점차 그 경계를 명확히 이해할 수 있게 됩니다.

앞의 지문을 보면 우리 친구가 의견에 해당하는 부분을 찾아 형광펜으로 표시를 해놓았습니다. 어떤가요? 잘 찾아냈지만 놓친 것도 몇 개 있네요. 언뜻 보면 사실을 이야기한 것 같지만, 자세히 들여다보면 그 안에 글쓴이의 주장과 해석이 담겨 있습니다. 그 부분은 제가 다시 찾아서 밑줄을 그었습니다. 몇 번 더 연습을 하다 보면 아이들도 이렇게 잘 드러나지 않는 의견까지 분명히 구분할 수 있게 될 것입니다.

3. 핵심 사건 정리하기

사실과 의견을 구분했다면 이제 다음 과제는 핵심 사건을 찾는 일입니다. 중요한 것은 '핵심 사건'이란 사건의 발단이 아니라, 글쓴이가 강조하고 논의하고자 하는 중요한 문제점이라는 사실입니다. 각 문단의 중심 내용을 다시 볼까요?

> 1문단 : 일본이 사도광산 추도식을 열었지만 한국은 참석하지 않았다.
> 2문단 : 일본은 약속을 어겼다.
> 3문단 : 한국 정부는 일본에게 뒤통수를 맞았다.
> 4문단 : 일본과 한국이 사이가 나빠질 예정이다.

1문단. '일본이 사도광산 추도식을 열었지만 한국은 참석하지 않았다'는 문제의 발단이자 배경이지 핵심 사건은 아닙니다. 핵심 사건은 2문단. '일본은 약속을 어겼다'가 되겠지요.

4. 글쓴이의 평가 확인하기

마지막으로, 글쓴이가 핵심 사건과 그 배경에 대해 어떤 평가를 내리는지 알아봅니다. 글쓴이는 주관적인 해석을 통해 사건에 대해서 평가를 내립니다. 그것이 이 글을 쓴 목적이기도 합니다. 단순히 역사적 사실이나 정보를 전달하는 것이 아니라, 사건에 대한 자신의 생각과 감정, 입장과 태도를 전달하는 것이 논설문이니까요.

일본이 약속을 어긴 것에 대해 글쓴이는 어떤 평가를 내리고 있나요? 앞서 표시한 '의견' 부분을 다시 읽어봅시다. 핵심 사건과 의견을 종합하면, 아래와 같은 문장으로 정리할 수 있습니다.

일본이 약속을 반복해서 어기면, 한국은 더 이상 우호적인 관계를 기대하기 어려우므로 외교적으로 단호하게 대응해야 한다.

5. 주장의 근거 찾기

글쓴이의 주장을 비판적으로 바라보기 위해서는 그 근거가 무엇인지를 찾아보아야 합니다. 근거가 타당하고 구체적일수록 글쓴이의 주장을 신뢰할 수 있겠지요. 만약 근거가 불충분하거나 왜곡되어 있다면 주장은 설득력을 잃어버립니다.

글쓴이가 주제에 대해 어떤 근거를 들어 주장을 펼쳤는지 확인해봅시다. 아래는 아이가 직접 작성한 내용입니다.

일본은 한국인 노동자 강제 동원의 역사를 알리는 전시물을 설치하고, 피해 자들을 추도하겠다고 하였지만 '강제 동원'이라는 말을 빼먹고 야스쿠니 신사에 참배한 적 있는 인사를 참석시켰다.

이렇게 글쓴이가 어떤 근거를 통해서 주장을 펼쳤는지 확인하고 나면, 아이들은 비판적 시각으로 바라보고 자신의 관점을 형성하게 됩니다. 또한 이 주제에 대해 나의 견해를 내세워 효과적으로 논의할 수 있습니다.

여기까지 잘 마쳤다면, 이제 글쓴이가 전달하고 싶은 말을 충분히 이해할 수 있습니다. 제대로 읽는 과정은 때로 어렵게 느껴지기도 합니다. 하지만 포기하지 않고 꾸준히 연습하다 보면 어느 순간 점차 익숙해지고 재미도 느낄 수 있습니다. 세상을 바라보는 시각도 더 넓고 깊어지게 되겠지요.

아이가 어려운 과정을 편안하게 넘어갈 수 있도록 따뜻한 눈으로 바라보고 격려해주세요. 머지않아 자신만의 안목을 갖출 만큼 크게 성장하는 날이 오게 됩니다.

1. 논설문을 읽을 땐 사실과 의견을 분리해 읽어야 합니다.

2. 핵심 사건은 글의 첫머리에 나오는 문제의 발단이 아닙니다. 글쓴이가 강조하고자 하는 중요한 문제가 곧 핵심 사건입니다. 아이들은 흔히 사건의 발단이 핵심 사건이라고 생각하는 경향이 있습니다. 핵심 사건을 제대로 도출려면 문단의 중심 내용을 파악하는 연습을 해야 합니다.

3. 글쓴이가 어떤 근거로 주장을 하는지 확인하는 과정은 중요합니다. 근거가 구체적이고 신뢰할 만한 자료나 논리에 기반하고 있는지 구분해낼 수 있어야 합니다. 글쓴이가 주장하는 바를 또렷이 알 수 있도록, 아이들이 주장과 근거를 구분하는 연습을 하도록 해주세요.

PART 5

독서 솔루션 4단계_체계적 글쓰기

: 잘 읽히는 글쓰기

독서감상문 쓰기

📖 생각 없는 글쓰기는 괴로워

"선생님, 어떻게 써야 할지 모르겠어요."

글쓰기 수업에서 가장 많이 듣는 두 가지 멘트 중 하나입니다. 또 다른 단골 멘트는 뭐냐고요?

"어떻게 시작해야 할지 모르겠어요."

그렇습니다. 매번 쓰는 글인데도 아이들은 어디서부터 어떻게 시작해야 할지 몰라 막막해합니다. 이것은 꼭 아이들만의 고민은 아닐 겁니다. 어른들도 글을 써야 할 때면 커피를 타오고, 손가락을 풀고, 기지개를 켜면서 준비운동만 한참을 하게 되지요. 글을 쓰기로 마음먹고 펜을 떼기 시작하는 순간부터 고통이 시작됩니다.

그럼, 이렇게 한번 생각해볼까요? 글을 잘 쓰기 위해 가장 중요한 것은 무엇일까요? 바로 생각하는 힘, '사고'입니다. 글은 단순히 문장을 나열하는 것이 아니라 내 생각을 정리해 표현하는 작업입니다. 그렇기에 책을 읽고 글을 쓰는 과정은 곧 사고를 훈련하는 과정입니다. 사고에도 여러 종류가 있지요. 비판적 사고, 창의적 사고, 논리적 사고, 직관적 사고. 또 사방으로 뻗어나가는 확산적 사고, 한곳으로 모여드는 수렴적 사고, 거꾸로 거슬러 올라가는 사고도 있습니다. 글쓰기는 이처럼 다양한 사고방식을 자극하며 깊이를 갖추게 됩니다. 그렇다면 글쓰기는 고통이 아니라 나를 성장시켜 주는 도구 아닐까요.

그런데 문제는 많은 아이들의 글이 틀에 박혀 있다는 점입니다. 감상 없이 줄거리만 길게 나열한다거나, 주제나 맥락이 없는 글, 어떤 책을 읽든 비슷한 문장과 단어를 나열하는 쌍둥이 같은 글…. 아이들의 사고가 정형화된 형식에 의해 제한되었기 때문입니다.

형식을 배운 후에 여기에 맞추어 그대로 따라 쓰는 글쓰기는 사고를 틀 안에 가두는 결과를 초래합니다. 마치 공장에서 찍어낸 제품처럼 비슷한 글이 나올 수밖에 없어요. 아이들의 사고는 멀리 뻗어나가지 못합니다. 사고의 확장이 이루어져야 할 글쓰기가 오히려 창의성과 논리적 사고를 저해하는 단순 작업이 되고 마는 거죠.

아이들의 글쓰기는 단지 기술을 배우는 것이 아니라, 읽고 느낀 것을 자기만의 언어로 펼쳐내는 과정이어야 합니다. 여기서 글쓰기와 읽기는 한 세트입니다. 읽은 내용을 글로 정리하지 않으면 독서의 효과를 온전히 얻기 어렵습니다. 그러나 아이들의 바쁜 일상에서 책을 읽을 때마다 매번 글을 쓰는 것은 현실적으로 불가능합니다. 아이들이 정말 재미있게 읽은 책, 감명 깊게 읽은 책만이라도 글로 남겨볼 것을 권합니다.

📖 감상문이 '재밌었다'로 끝나지 않으려면

독서감상문은 아이들이 가장 자주 접하는 글쓰기 종류이지만, 쓸 때마다 '무엇을 어떻게 써야 할지' 몰라 고민합니다. 이는 대부분의 감상문 쓰기가 정해진 형식을 따르도록 지도받기 때문입니다.

읽게 된 배경 + 줄거리 + 느낀 점 = ?

이런 틀에 박힌 형식은 둘째 치고 여기에서 한 가지 중요한 점을 짚어봐야 합니다. 줄거리를 쓰고 느낀 점을 쓰라고 하면, 대부분의 아이들은 줄거리에 대한 감상을 씁니다. 이게 과연 적절할까요? 아이들의 독서감상문이 주로 '재미있었다', 혹은 '재미없었다'라는 결론으로 끝나는 것도 이해가 갑니다. 긴 이야기에 대한 감상으로 '재미있다', '재미없다'보다 더 안성맞춤인 말은 없을 테니까요. 줄거리 중심으로 느낀 점을 적다 보면, 전체 글의 의미에 대해 깊이 파고드는 것에 한계가 있습니다. 결국 단순한 한 줄 감상만 남게 되지요.

올바른 감상을 끌어내려면 먼저 이야기 속에서 작가가 전달하려는 주제와 방향을 이해해야 합니다. 이것이 바탕이 되어야 나만의 감상 주제와 방향이 설정되니까요. 지금부터 그 구체적인 방법을 따라가 보겠습니다.

키워드 찾기 연습

구체적인 감상문 쓰기로 들어가기 전, 충분히 연습해야 할 것이 있습니다. 문학 작품을 읽을 때 아주 중요한 '키워드 찾기'입니다. 한 편의 문학 작품 속에는 '사실'과 '감상', 두 개의 키워드가 녹아들어 있습니다. '사실 키워드'는 글의 구체적이고 실제적인 내용을 나타내는 단어들입니다. '감상 키워드'는 글의 메시지나 감상을 나타내는 단어들이고요.

아이들에게 문학 작품 속 두 가지 종류의 키워드를 찾아서 적어보라고 하면, 사실 키워드는 어렵지 않게 술술 적습니다. 책에 나온 핵심 단어들을 그대로 적으면 되니까요. 그런데 감상 키워드를 적을 때는 한참을 끙끙대곤 합니다. 감상 키워드는 작가가 책을 통해 우리에게 전달하고 싶은 말이 무엇인지를 고민해서 자기 말로 적어야 하거든요. 책 속의 근거를 통해서 작가의 메시지를 섬세하게 파악하는 작업은 한층 더 많은 노력과 연습이 필요합니다.

우리도 한번 연습해볼까요?

1. 사실 키워드 고르기

책을 읽고 가장 핵심이 되는 단어들을 작성합니다. 사실 키워드는 인물이나 사건을 통해 드러나는 중요한 내용, 이야기 속에서 반복되거나 강조되는 표현, 각 장에서 전개되는 핵심 내용을 바탕으로 선정합니다.

○ 키워드 선정이 고민된다면

처음 해보는 아이들에게는 비교적 단순한 사실 키워드를 고르는 일도 쉽지 않습니다. 너무 오래 고민하지 말고 어렴풋하게라도 핵심어라고 느껴지는 단어들을 모두 써봅시다. 이렇게 모은 키워드는 한차례 정리 과정을 거칩니다. 전체 흐름 속에서 보았을 때 중요한 핵심어가 아니라고 판단되면 과감히 탈락시켜 중요한 어휘만을 남깁니다. 모으기보다 탈락시켜 정리하는 과정이 훨씬 중요합니다.

2. 감상 키워드 고르기

이번에는 책에 나온 어휘를 그대로 사용하는 것이 아니라, 이야기를 토대로 내가 스스로 생각해야 합니다. 중요한 것은 작가가 이 글을 통해 전달하고 싶은 이야기가 무엇인지 생각하는 것입니다. 머릿속에 떠오르는 대로 적어도 좋고, '가치 단어'들을 미리 선정해놓고 활용해도 좋습니다. 다음과 같은 다양한 가치 단어들을 미리 만들어두면 감상 키워드를 작성할 때 도움이 됩니다.

정직, 용기, 자비, 겸손, 인내, 절제, 극복, 희망, 배려, 존중, 책임, 정의, 신뢰, 감사, 충성, 근면, 관대함, 용서, 사랑, 자기조절, 성실, 희생, 온유, 지혜, 자유, 평등, 정의, 연대, 창의, 책임, 존엄, 공정, 연민, 협력, 포용, 공감, 희생, 존중, 관용, 성장, 혁신, 신의, 지속, 노력, 조화

3. 사실 키워드와 감상 키워드로 주제문 쓰기

문학 작품에서 두 가지 종류의 키워드가 중요한 이유는, 이것으로 주제문을 쓸 수 있기 때문입니다. 아이들로서는 책 한 권의 주제를 아무런 재료도 없이 맨땅에서부터 작성하기란 쉬운 일이 아닙니다. 그래서 사실 키워드와 감상 키워드를 적절히 조합하여 주제문을 만드는 것이죠.

두 가지 키워드를 조합한다는 것은, 작가가 전달하고 싶은 메시지와 독자의 이해가 교차하는 교집합이라 할 수 있습니다. 이렇게 만든 주제 문장은 책 전체를 관통하는 시선이 되지요. 몇 개의 문장으로 책 한 권을 대신한다니, 대단하지 않나요?

'주제 문장' 작성하기 수업을 할 때면, 스스로 생각하기보다 따라 쓰기가 익숙한 아이들일수록 "못하겠어요~"라고 금세 포기를 선언합니다. 직면한 문제를 빨리빨리 해결해야 하는데, 책 속의 전체 정보를 조합해 차분히 내 생각을 정리하는 일이 쉽지 않습니다. 나와 다른 표현 방식, 어체, 문장들을 읽고 핵심을 이해하려는 노력은 힘들지만, 책을 읽는 본질입니다. 여기에 가까이 다가설수록 우리 아이들의 문해력은 커지지요. 그런 면에서 문해력은 '주제에 도달하는 과정'이라고 볼 수

있습니다. 책 속에서 얘기하고 있는 작가의 메시지를 정확히 이해하는 것이야말로 문해력의 완성이니까요.

주제문 만들기 연습

지금부터는 사실 키워드와 감상 키워드를 사용하여 주제문 만들기를 실제로 해보려 합니다. 책에 나온 객관적인 사실과 책을 읽으며 느낀 나의 고유한 해석과 감상을 조합하는 일입니다. 어렵게 느껴진다면 사실 키워드 한 개, 감상 키워드 한 개만 사용해 간단히 주제를 작성해도 좋습니다. 처음이 어려울 수 있지만, 키워드를 작성하고 주제문을 만드는 연습을 계속하다 보면 사용할 수 있는 어휘가 점점 많아지고, 좀 더 섬세하게 주제를 작성할 수 있게 됩니다. 다음은 아이들이 이야기책을 읽고 작성한 주제문입니다.

엄마 사용법 김성진 글 김중석 그림 창비	사실 키워드
	#가족 #엄마 #생명 장난감 #설명서 #엄마 사용법 #기계 #할아버지 #감정 #파란 사냥꾼 #불량품 #폐기 #수거 #빨간눈 할머니 #고릴라 #재회
	감상 키워드
	#가족의 소중함 #가족의 의미 #현수의 책임감 #유대감 #연결 #현수와 엄마의 사랑 #인간다움 #감정이 생긴 엄마를 인정하고 지키려는 현수의 용기 #교감

주제 : 사람과의 교감을 통해 감정이 생긴 로봇을 기계로 봐야 할까, 사람으로 봐야 할까?

주제 : 현수는 생명 장난감 '엄마'에게 감정을 가르치고 돌보며 교감하게 된다. 현수는 엄마가 파란 사냥꾼에게 잡히지 않게 애쓰며 가족의 의미를 깨닫는다.

	사실 키워드
너의 운명은 한윤섭 글 백대승 그림 푸른숲주니어	#가난 #안 부자 #글자 #암흑 #팔자 #운명 #아버지 #칼 갈이 할아버지 #김 초시 #나무 #죽음 #의병 #의병 활동 #을사늑약 #투쟁 #운명 #일본군 #일제강점기 #만주
	감상 키워드
	#스스로의 힘 #운명은 바꿀 수 있다 #닥친 어려움 극복 #성장은 의지 #암흑을 벗어나는 방법 #교육의 의미 #결정할 수 있는 용기 #내 인생의 주인 #암흑의 시대

주제 : 가난한 아이는 암흑에 갇혀 있었지만, 스스로의 힘으로 길을 찾았다.

주제 : 일제 강점기, 사람들은 힘들었지만 운명을 바꾸는 방법을 찾았고 용기를 내어 인생의 주인으로 살았다.

	사실 키워드
열세 살 우리는 문경민 글 이소영 그림 우리학교	#가족 #불안 #두려움 #단짝 친구 #우정 #배려 #화해 #학교폭력 #자아 #퍼플 마스크 #거짓말 #다툼 #이간 질 #갈등 #실직 #새엄마 #부당해고
	감상 키워드
	#보리의 방황 #우정을 통한 성장 #마음속 문제 극복 #친구를 위한 배려 #루미의 용서 #타인에 대한 이해 #보리와 루미의 우정 #관계의 소중함

주제 : 부모님의 갈등으로 방황하던 보리가 루미의 우정으로 내면의 문제를 해결하고 성장했다.

주제 : 루미는 단짝 친구의 모습에 좌절했다. 하지만 외면할 수 있었던 보리의 방황을 지켜보고 용서하며 보리를 이해하게 되었다.

어떤가요? 생각만큼 어렵진 않지요? 작가가 이야기 속에 숨겨둔 메시지를 포착하는 능력, 즉 문해력은 책을 무조건 많이 읽기만 해서는 키우기 어렵습니다. 문해력을 갖추기 위해서는 반드시 스스로 생각해 보는 시간을 통해 주제를 파악하는 힘을 길러야 합니다. 주제를 읽는 힘은 '문해'이고 끈끈한 구성력은 '논리'라는 사실을 기억하세요. 그것이 바로 책을 읽는 힘이고, 책에 기대하는 능력입니다.

이제 감상문 쓰기를 제대로 할 수 있는 준비운동을 모두 마쳤습니다. 지금껏 한 이야기들을 잘 기억하면서 실제 감상문 쓰기로 들어가 봅시다.

감상문 쓰기 가이드

감상문 쓰기 책으로는 역사 동화 《교서관 책동무》(김영주 글·정지윤 그림, 파란자전거)를 골랐습니다. 조선 시대, 노비의 신분으로 태어난 지성이 글공부를 포기하지 않은 덕분에 끝내 교서관 관리의 꿈을 실현하는 이야기입니다.

위에서 연습한 대로 키워드 찾기부터 시작해봅시다.

1. 키워드 찾기

앞서 설명한 것처럼 작가가 우리에게 전하고 싶은 주제를 파악하려면 사실 키워드와 감상 키워드를 각각 선정해야 합니다. 이 두 종류의 키워드를 통해 글의 주제에 가까이 다가갈 수 있습니다.

○ 이 책의 키워드를 찾아볼까요?

· 사실 키워드 : 노비, 양반, 훈민정음, 한자, 할아버지, 지성, 대호군 나리, 선경, 배움

· 감상 키워드 : 지성의 용기, 차별에도 포기하지 않음, 끝까지 굴복하지 않음, 신분 차별, 배움에 대한 꿈, 은혜에 보답하려는 마음

2. 주제와 방향 설정

두 종류의 키워드를 기반으로 글의 주제를 한 문장으로 작성합니다. 감상 키워드가 꼭 들어가야 한다는 사실을 잊지 마세요. 작가의 메시지에 나의 감상과 비평을 더해 표현해봅시다. 주제문을 작성했다면 글의 방향을 한 단어로 정해봅니다. 방향을 잘 정해야 글이 엉뚱한 곳으로 흘러가지 않지요.

· 주제 : 지성은 새로운 배움을 포기하지 않았다.

· 방향 : 용기

3. 글감 모으기

이제부터는 글을 풀어내기 위한 글감을 모을 차례입니다. 많은 아이들이 형식에 맞춰 글을 쓰는 이유는 글감이 부족하기 때문입니다. 글을 쓰기 위해 요리조리 생각하며 궁리하는 동안 사고가 확대되고 글감이 쌓이게 됩니다. 글감이 많을수록 글이 산만해질 것 같지만 그렇지 않습니다. 주제에 맞춰 잘 정리된 글감은 글을 단정하게 만들어줍니다.

글감은 어떻게 모을까요? 글감을 만드는 핵심은 바로 '질문'입니다. 먼저 책 안에서 글감을 찾아봅시다. 글의 주제와 연관된 중요한 사건, 혹은 중심인물들을 고른 다음, 여기에 대해 아이가 스스로 질문하고 답하면서 글감을 모아봅니다.

◐ 책 안에서 글감 모으기

- 지성이의 아버지는 지성이의 책을 태워버렸다. 왜 그랬을까?
- 대호군 나리가 지성에게 비밀스럽게 글자를 알려준 이유는 무엇일까?
- 대호군 나리는 지성이가 노비 출신인 것을 알면서도 지성을 교서관에 불러들였다. 왜 그랬을까?
- 새로운 글자를 반대하던 사람들이 대호군 나리를 역모로 몰아붙인 이유는 무엇일까?
- 지성은 위험한 상황에서도 글자 배우기를 포기하지 않았다. 그 이

유가 무엇일까?

- 최 교리가 지성을 싫어한 이유가 무엇일까?

● 책 밖에서 글감 모으기

1) 자기 경험과 연결된 질문

- 나는 어려움을 겪을 때 주로 어떻게 극복했는가?
- 나에게 배움은 어떤 의미를 주는가?
- 나는 지성이의 용기를 통해 무엇을 배웠는가?
- 용기는 나에게 어떤 의미인가?
- 어떤 사람을 용기 있는 사람이라고 생각하는가?

2) 외부와 연결된 질문

- 역사 속에서 지성과 비슷한 용기를 보였던 인물은 누구인가?
- 주변에 어려움을 극복할 용기를 가졌던 사람이 있을까?
- 우리 사회에서 교육받기 힘든 상황에 처한 사람들이 있을까?

4. 제목 만들기

글쓰기를 시작하기 전에 알맞은 제목을 생각해봅시다. 앞의 여러 가지 질문 중에서 내가 생각한 글의 방향과 가장 잘 맞는 것을 고른 다음, 여기에서 아이디어를 떠올리면 제목을 정하는 것이 한결 쉬워집니다. 다음과 같이 제목을 정해보았습니다.

· 제목 : 새로운 글자가 준 용기

여기까지 잘 따라왔나요? 이 글쓰기 가이드를 따르면 단순히 줄거리를 나열하는 글에서 벗어나 책의 주제와 메시지를 명확히 이해할수 있습니다. 또한 아이가 어느 부분에서 주인공에게 공감했는지도 적절하게 표현할 수 있습니다. 이제 실제로 글을 쓰는 것은 아이들의 몫입니다.

실전 감상문 쓰기

준비는 다 되었습니다. 일관된 주제와 방향에 따라 차곡차곡 모은 글감을 다시 한번 훑어봅니다. 처음, 중간, 끝의 세 부분으로 나누어 글을 써봅시다.

1. 처음

- 책을 읽게 된 이유 또는 핵심 내용을 간단히 요약
- 감상의 중심이 될 주제나 키워드 제시
- 글의 주제와 연결된 질문 던지기

'지성이는 왜 글 배우기를 멈추지 않았을까?' 공부가 지긋지긋한 나는 《교서관 책동무》를 읽고 가장 먼저 이 생각이 떠올랐다. 덕구의 시기 질투에도 최교리의 쏟아지는 구박에도 왜 포기하지 않고 멈추지 않았는지 지성이에게 물어보고 싶었다. 공부가 용기를 줬을까.

188

2. 중간

- 글의 방향을 가장 극적으로 나타내는 사건이나 장면을 인용해 강조
- 자신의 경험, 외부와 연결된 경험을 소개

> 지성이는 대호군 나리를 위해 무서운 상황에서도 물러나지 않았다. 끝까지 용기를 내 대호군 나리를 지키려 했다. 자신을 아껴주고 위험을 무릅쓰며 글자를 가르친 대호군 나리를 향한 용기였다. 나라면 이렇게 겁이 나는 상황에서 용기를 내지 못하고 단박에 도망갔을 텐데.

3. 결론

- 주제와 관련해 얻은 교훈, 느낀점
- 주제, 방향과 관련된 자기 생각을 한 단계 더 확장
- 작품이 나에게 준 변화 또는 적용하고 싶은 점
- 자기 생각 또는 다짐

> 지성의 이야기는 단순히 한 소년이 글을 배운 이야기가 아니다. 수많은 어려움을 극복하고 자신이 훌륭히 여기는 것을 좇는 여정이다. 이 여정을 함께하며 나는 배움이 얼마나 중요한지, 용기가 어떻게 사람을 성장시키는지 보았다. 용기는 두려움을 극복하는 힘일 뿐 아니라, 타인을 위한 희생과 배려임을 깨달았다.

어떤가요? 짧지만 자기만의 생각이 들어 있는 글입니다. 글쓰기는 단순히 정해진 형식에 맞추어 내용을 채우는 과정이 아닙니다. 자신

만의 언어로 생각을 정리하며, 책이 전달하는 메시지를 깊이 이해하는 과정입니다. 아이들은 이런 글쓰기 과정을 통해 사고의 유연성을 기르고, 자기 경험과 세상을 연결하며, 깊은 통찰을 얻습니다.

아이들이 스스로 글의 방향을 잡고 중심을 잃지 않은 글쓰기를 하도록 꾸준히 지도해주세요. 독서감상문 한 편을 쓰더라도, 책이 전달하는 메시지나 아이가 느낀 깊은 통찰을 담아내는 글쓰기. 우리 아이들은 충분히 할 수 있습니다.

엄마의 똑똑 가이드

1. 틀에 박힌 독서감상문이 아니라 아이만의 통찰이 담긴 글을 쓰기 위해
   서는, 먼저 작가가 전달하고자 하는 주제와 방향을 정확히 이해해야
   합니다. 그런 후에야 나만의 시선과 감상을 제대로 담을 수 있습니다.

2. 독서감상문의 뼈대가 되는 주제문은 단번에 작성하기 어렵습니다. 주
   제문을 작성할 때는 사실과 감상, 두 가지 키워드가 필요합니다.

3. 글감을 모으는 좋은 방법은 '질문'입니다. 책 속 인물이나 사건뿐 아니
   라 나의 개인적인 경험과도 연결하여 글감을 모을 수 있습니다.

줄거리 요약하기

📖 줄거리 요약을 하며 헤매는 이유

"이렇게 두꺼운 책을 어떻게 요약해요!"

"저희도 그림책은 완전 잘할 수 있어요, 이건 우리 수준에 비해 너무 어려운 거예요. 우리가 못하는 게 아니고요."

"야, 하기 힘들면, 첫 번째 줄에 나온 내용부터 짧게 줄여. 그러다 보면 돼."

"그럼 요약이 100페이지 나오는 거 아니야?"

"에이 몰라. 그냥 쓰지 뭐."

줄거리를 요약하자고 한 것뿐인데 반응들이 참 다양합니다. 하기 싫고, 하지 못할 것 같은 이유가 한 트럭은 되고 아이들 입은 점점 뽀

족해집니다.

하지만 요약하기 연습은 마냥 미룰 수 없습니다. 읽은 내용을 정확히 이해하고 내 입으로 설명하기 위해 중요한 능력이거든요. 초등 3학년이 된 아이들은 본격적으로 요약의 기초 활동을 시작합니다. 간추려 말하고, 내용을 짧은 문장으로 정리하는 활동을 통해 요약의 기본적인 능력을 기르고, 4학년부터는 점점 그 능력을 본격화합니다. 4학년 국어 교과에는 아래와 같은 학습 목표가 제시되어 있습니다.

- 중요한 내용과 주제를 파악하며 듣고 그 내용을 요약한다.
- 문단과 글에서 중심 생각을 파악하고 내용을 간추린다.

이처럼 아이들은 학년이 올라갈수록 교과서나 책, 혹은 제시된 텍스트를 읽고 줄거리를 요약하라는 주문을 많이 받습니다. 하지만 '어떻게 요약하는지' 구체적인 방법은 모르는 경우가 대부분입니다. 정답이 없는 '요약'이라는 것이 뜬구름 잡는 것처럼 느껴지는 것도 당연합니다.

그런데 또 신기한 것은, 막상 줄거리 요약을 하고 나면 아이들은 스스로 잘했다고 생각한다는 것입니다. 자기 결과물을 썩 마음에 들어 하지요. 실제로 아이들이 작성한 줄거리 요약을 살펴보면 대부분은 다음 중 하나에 해당합니다.

✓ 앞부분만 하거나 뒷부분만 하거나

✓ 강렬하게 느껴지는 부분만 하거나

✓ 내키는 대로 하거나

✓ 줄거리 요약도 감상도 아닌 것을 하거나

쓴 글을 다시 읽어보라고 얘기해도 어디서 무엇이 잘못되었는지 찾을 수 없어 마음만 분주해집니다. 아이들이 줄거리 요약을 하면서 헤매는 이유는 여러 가지입니다.

✓ 책에서 소개하는 인물이나 사건을 이해하기 힘들어서

✓ 나오는 인물과 이야기를 모두 얘기해야 줄거리가 된다고 생각해서

✓ 흐름을 이해하지 못해서

✓ 핵심어를 뽑아내지 못해서

✓ 내용이 기억나지 않거나, 기억하는 내용이 틀릴 경우

✓ 제시된 일정한 기준이 없는 경우

아이들이 요약을 좀 더 수월하게 잘해낼 방법은 없을까요? '요약'의 사전적 정의를 보면 요약을 잘하기 위한 힌트가 나와 있습니다.

'말이나 글의 요점을 잡아서 간추림.'

핵심은 여기입니다. '요점을 잡아서 간추림.' 앞에서 우리는 '키워드'에 대해 살펴보았습니다. 키워드를 도출하고 도출한 키워드를 바탕으로 주제문까지 작성하였고요. 책 밖으로 어렵게 끌고 나온 키워드란 재료를 여기서 한 번 더 요긴하게 사용할 수 있습니다. 키워드로 하는 '줄거리 요약'. 어떻게 하는지 한번 살펴볼까요?

줄거리 요약하기 3단계

《짜증난 곰을 달래는 법》이라는 귀여운 이야기책으로 줄거리 요약을 해봅시다. 비가 오는 날 동물 친구들이 따뜻한 동굴을 찾아 들어갔다가 겨울잠 자는 곰을 본의 아니게 방해하게 됩니다. 초등학생들에게는 쉽게 느껴질 법한 그림책입니다. 줄거리 요약이 처음이거나 익숙하지 않은 친구들을 위해서, 단순한 줄거리의 쉬운 책을 골라보았습니다.

1. 사실 키워드 선정하기

줄거리 요약을 할 때는 '사실 키워드'와 '감상 키워드' 중에서 사실 키워드만 사용합니다. 줄거리 요약은 사실을 바탕으로 정렬하는 것이기 때문에 여기서 감상 키워드는 필요하지 않습니다. 게다가 줄거리를 정리하는 데 익숙하지 않은 상태에서 감상 키워드까지 더하면 혼동을 일으킬 수 있거든요. 흐름을 제대로 정리하기 위해 사실 키워드를 꼼꼼히 작성해봅니다.

이번 책의 사실 키워드를 다음과 같이 뽑아보았습니다.

#사자 #무스 #얼룩말 #양 #비 #동굴 #소음 #곰 #겨울잠 #방해 #줄무늬
#뿔 #갈기 #양털 #베개

2. 기준을 정하여 키워드 재배치하기

등장인물이 많아지고 여러 가지 사건과 갈등이 심화할수록 줄거리 요
약은 힘들어집니다. 그래서 줄거리를 요약할 때 '시간' '인물' '사건'
등과 같이 하나의 기준을 먼저 잡으면 키워드를 구성하는 것이 한결
수월해집니다.

　기준이 필요한 또 한 가지 이유는 한쪽으로 치우치지 않기 위해서
입니다. 이야기에는 기-승-전-결이 필요하지요. 기승전결을 모두 포
함하지 않고 일정 부분만 간추린다거나, 끝을 맺지 못하는 경우 제대
로 된 줄거리 요약이라고 보기 어렵습니다. 기준을 세우고 키워드를
정리해나가면 그런 실수를 줄일 수 있습니다.

　자, 그림 위에서 선정한 키워드들을 '시간'이라는 기준으로 다시 배
열해봅시다.

#비 #동굴 #곰 #겨울잠 #사자 #무스 #얼룩말 #양 #소음 #방해 #줄무늬
#뿔 #갈기 #양털 #베개

기준을 다른 것으로 잡아도 물론 괜찮습니다. 이번에는 '인물', 그중에서도 책의 주인공인 곰이 겪은 일을 기준으로 키워드를 다시 배열해봅시다.

#동굴 #겨울잠 #소음 #방해 #베개 #잠

어떤가요? 곰의 시각으로만 키워드를 선택하면 불필요한 것들이 빠져서 좀 더 간결해집니다.

이렇게 키워드를 나열하는 이유는 줄거리를 한 번에 정리하기 어렵기 때문입니다. 처음 줄거리 요약을 시도하는 아이들은 간단한 이야기도 제대로 쓰기 어렵습니다. 이때 키워드가 나열되어 있으면 기억을 더듬어가며 내용의 흐름을 비교적 잘 이어나갈 수 있습니다.

다른 기준으로 이야기를 정리하면 기존 줄거리와 또 다른 느낌의 줄거리를 정리할 수 있어 이야기의 입체적인 해석도 가능해집니다. 특히 인물을 기준 삼는 경우, 그 인물의 입장과 심정을 섬세하게 들여다보고 파악할 수 있지요. 이렇게 사실 키워드를 중심으로 정리된 줄거리에 감상 키워드를 더하면 간단한 독서감상문이 됩니다.

3. 키워드를 연결하여 줄거리 요약하기

이제 실제로 키워드를 연결해서 줄거리 요약을 해봅시다. 먼저 '시간'을 기준으로 해볼까요?

비가 많이 내리던 날 사자, 얼룩말, 무스, 양은 비를 피해 동굴로 들어갔습니다. 거기에는 곰이 겨울잠을 자고 있었어요. 동물 친구들은 곰의 잠을 방해하다가 곰에게 쫓겨났어요. 비를 피할 길 없던 동물들은 저마다의 방식으로 곰을 달래주려 했고, 마지막으로 양이 만든 양털 베개를 받은 곰은 다시 잠이 들었어요.

다음은 곰이라는 '인물'을 중심으로 하는 줄거리 요약입니다.

곰이 동굴에서 잠을 자고 있었는데 갑자기 다른 동물들이 들이닥쳤어요. 곰은 동물들을 내쫓았어요. 잠시 후 다시 몰려온 동물들은 저마다 선물을 했지만 곰은 모두 마음에 들지 않았어요. 마지막 선물인 양털 베개를 받고서야 곰은 다시 잠들었어요.

어떤 키워드, 어떤 기준을 택하느냐에 따라 요약한 줄거리도 달라지는 것을 알 수 있습니다. 이제 조금씩 더 길고 복잡한 스토리의 책들에 도전해봅시다.

1. 문학책 줄거리 요약

으라차차 길고양이 나가신다! 안오일 글 방현일 그림 뜨인돌어린이	사실 키워드 (배열 기준 : 시간) #오드아이 #외모 #대장 #깜이 #친구 #꼬리 #자신감 #열등감 #동네 고양이 #양모스 #삐끔이 #괴롭힘 #두려움 #뭉치다 #도전

줄거리 요약

연두는 눈동자 색깔이 다른 오드아이 고양이입니다. 평범하지 않은 외모로 인해 괴롭힘을 당하고 한쪽 눈을 천으로 가리며 지냅니다. 어느 날 연두는 동네 대장 고양이 양모스와 싸우고 있는 깜이를 우연히 구하게 되고, 그 일로 둘은 친구가 되었습니다. 잘려나간 몽당 꼬리를 가졌는데도 항상 자신감에 차 있는 깜이와 함께하며 연두는 열등감을 서서히 잊을 수 있었습니다.

동네 고양이들은 양모스와 뻐끔이의 괴롭힘 때문에 두려움에 떨면서도 아무런 대응을 하지 못합니다. 깜이와 연두는 움츠러든 친구들에게 손을 내밀고, 결국 고양이들이 똘똘 뭉쳐 도전하자 양모스는 힘을 잃고 맙니다.

밤의 교실

김규아 글·그림
샘터

사실 키워드 (배열 기준 : 인물)

#시력 #늑대 선생님 #음악 수업 #가족 여행 #엄마 #끝없는 밤 #밤의 교실 #연주회 #작별 선물

줄거리 요약

시력이 나빠진 정우는 아빠와 안경을 맞추러 갔다가 병원에 가보라는 이야기를 듣는다. 그 사이, 학교에는 새로운 늑대 음악 선생님이 오고, 선생님은 해가 진 밤에 수업을 하자고 제안하신다. 엄마와의 바다 여행 문제로 다툰 후 우울해하던 정우에게 아빠는 해줄 이야기가 있다고 한다. 정우의 눈에 관한 이야기였다. '끝없는 밤이 올 수도 있다.'

정우는 늑대 선생님과 우연히 만나 얘기하며 선생님이 음악을 좋아하게 된 이유를 듣는다. 늑대 선생님은 '소리를 음악으로 표현하는 법'을 숙제로 내주셨고, 점차 음악을 통해 마음을 표현하는 법을 배워간다. 정우는 늑대 선생님이 밤의 교실 연주회가 끝나면 선생님이 학교를 떠난다는 사실을 알게 되고 연습에 집중한다. 사랑하는 사람들과 함께한 연주회를 감동 속에 마친 뒤, 늑대 선생님은 작별의 선물로 브로치를 주고 떠난다. 정우는 시력이 더 나빠져 무섭고 두려웠지만, 자신을 믿으며 앞으로 나아가기로 한다.

---

2. 비문학 줄거리 요약

초등학교 3학년부터 교과서에서 중요하게 다루는 비문학 지문을 잘 이해하기 위해서는 무엇보다 요약하며 읽기가 필요합니다. 학년이 올라갈수록 점점 더 길고 복잡한 내용, 낯선 개념과 정보를 담은 지문이 등장하게 되지요. 여기에서 중요한 내용을 찾아내어 이를 중심으로 글을 요약하는 능력은 아이의 학습 역량이나 성적과도 직접 연결됩니다.

생소한 비문학 글을 막막하게 느낄수록, 조금 귀찮더라도 내용을 적극적으로 요약하고 정리하며 읽는 습관을 들이도록 해주세요. 혼란한 머릿속을 정리하고, 내가 지금 어떤 내용을 이해하고 있는지 분명히 알게 됩니다.

비문학 책은 문학책과 달리 인물, 사건, 배경을 구분하지 않고, 전체 내용 가운데 핵심이 되는 부분에 집중합니다. 만약 여러 개의 장으로 구성된 책이라면 장별로 키워드를 따로 정리해봅시다.

내 이름은 파리지옥 이지유 글 김이랑 그림 해그림	사실 키워드(기준 : 장) #파리지옥 #가시 #향기 #곤충 #식충식물 #곤충 크기 #첫 번째 가시 #두 번째 가시 #영양소

1장 줄거리 요약

파리지옥은 잎끝에 기다란 가시들이 솟아 있어. 파리지옥은 향기로 곤충을 유인해 잡아먹는 식충식물이야. 곤충이 잎에 앉으면 가시를 건드리게 되는데, 곤충의

크기가 작으면 가시를 하나밖에 건드리지 못하고, 크기가 좀 크면 두 번째 가시를 건드려. 파리지옥은 곤충이 두 번째 가시를 건드릴 때까지 기다려. 너무 작은 곤충은 잡아도 영양소가 조금밖에 없기 때문이야.

검은 눈물, 석유 김성호 글 이경국 그림 미래아이	**사실 키워드(기준 : 장)** #석유 #쓰임새 #정제 #약품 #방수 #페르시아 # 불기둥 #특성 #곤충과 벌레 #퇴적 #압력과 열 #탄화수소 #동물 #액체 #석탄 #식물 #고체

1장 줄거리 요약

석유는 땅에서 나오는 기름으로 탄화수소 화합물이에요. 석유는 그 쓰임새에 따라 정제해서 사용합니다. 오래전에는 약품이나 방수제 정도로만 사용했어요. 어느 날, 페르시아 사람들은 우연히 하늘로 치솟은 불기둥을 보았고 불의 특성을 알게 되었어요.

오랜 시간 전부터 지구에는 많은 곤충과 벌레가 계속해서 태어나고 죽어 퇴적이 이어졌어요. 이들은 땅속의 엄청난 압력과 열을 받아 탄화수소라는 물질로 변하게 돼요. 이 물질이 바로 석유예요. 석유는 동물이 주재료로 액체 상태입니다. 석유의 사촌뻘인 석탄은 식물이 주재료이고 석유와 달리 고체 상태랍니다.

요약은 그저 긴 글을 짧게 압축하는 것이 아닙니다. 전체 글 중에서 중요한 핵심을 간추리고, 이것을 누구나 쉽게 이해할 수 있도록 자신의 말로 정리하여 표현하는 작업입니다. 요약하는 글쓰기를 익숙하게 해내는 아이들은 짧은 시간 내에 긴 글을 침착하게 소화할 수 있고, 복잡하고 어려운 서술형 문제 앞에서도 당황하지 않습니다. 꾸준한 연습을 통해 아이들이 어떤 글이든 자신 있게 다룰 수 있도록 해주세요.

엄마의 **똑똑** 가이드

1. 줄거리를 요약할 때는 사실 키워드를 중심으로 합니다. 반드시 책에
나와 있는 사실만을 바탕으로 키워드를 만드세요.

2. 문학 작품을 요약할 때는 '시간', '인물', '사건' 등의 기준을 먼저 정하
고 여기에 따라 작성합니다.

3. 비문학 책의 경우 각 장별로 키워드를 작성하면 좋습니다. 이때 책을
다시 펼쳐서 확인하기는 필수!

개요 스틱으로
정돈된 글쓰기

📖 잘 쓴 글을 고르는 기준

"선생님, 누가 제일 잘 썼어요?"

"지안이 아니야? 봐봐, 진짜 많이 썼어."

"우와, 언제 이걸 다 썼어?"

"야, 근데 너는 세 줄이 뭐냐. 흐흐."

　손에 펜을 쥐고 씨름하던 아이들 사이 '누가 제일 잘 썼고, 제일 못 썼느냐'를 두고 갑자기 평가전이 벌어집니다. 매번 그렇듯이 선생님에게 심사를 요청하네요. 저는 아이들에게 이렇게 되묻습니다.

　"얘들아, 긴 글이 잘 쓴 글이야?"

글을 쓰는 아이들은 궁금합니다. 쓰긴 썼는데 과연 좋은 글인지 잘 쓴 글인지 확신할 수 없습니다. 아이의 글을 읽는 엄마도 마찬가지입니다. 정답이 있다면 속이 편할 텐데, '잘 쓴 글'을 고르는 기준은 까다롭고도 애매한 것 같습니다. 글쓰기란 정해진 답을 찾는 것이 아니라, 더 나은 표현을 고민하고 다듬어가는 과정이기 때문입니다.

아이들의 글을 오래 본 저는, 잘 쓴 글을 판단할 때 두 가지를 묻습니다.

"주제가 명확한가?"
"구성이 매끄러운가?"

어려움 없이 읽고 이해할 수 있어야 잘 쓴 글이라고 합니다. 그러려면 전달하고 싶은 내용이 명확해야 하고, 전달 방법은 쉽고 친절해야 합니다. 그래야 읽는 사람이 글쓴이의 글을 쉽게 받아들일 수 있습니다. 아이들의 글도 예외가 아닙니다.

'주제가 명확하고 구성이 매끄러운가?'라는 질문에 '네'라고 답할 수 있다면 잘 쓴 글입니다. 여기에 읽는 대상, 즉 독자까지 고려해 쓴다면 금상첨화일 것입니다. 하지만 글 속에서 뚜렷한 주제를 찾을 수 없고 구성도 부자연스럽다면 잘 썼다고 말하기가 힘듭니다. 글쓴이의 생각이 선명히 드러나지 않아 독자에게 제대로 전달되기 어려울 테니까요.

수업 시간에 작성한 예진이의 글을 한번 읽어볼까요? 《컵 고양이 후루룩》을 읽고 쓴 감상문입니다.

진이는 라면을 사러 편의점에 갔다. 그런데, 자판기가 있었다. 동물이 나오는 자판기였다. 그런데 자판기에서 돈도 넣지 않았는데 무언가가 나왔다. 그것은 컵이었다. 그것을 가지고 갔다.

그리고 그 컵에 뜨거운 물을 부었다. 그리고 의심했다. 그리고 야옹 소리가 났다. 그리고 고양이가 나왔다. 후루룩 덕분에 저녁 밥을 먹었다. 꽁치를 후루룩에게 주었다. 이모가 돌아왔다. 후루룩을 재빨리 숨겼다. 그날 밤 축축한 느낌이 들었다. 후루룩이 소화를 시키지 못했다. 그래서 배를 쓰다듬어주었다. 그날 아침 인형으로 변한 후루룩을 보고 마음이 정말 아팠다.

예진이의 글은 어려운 단어를 사용하지 않았지만 잘 읽히지 않습니다. 이유는 명확합니다. 글의 중심이 드러나지 않고, 정보가 산만하게 나열되었기 때문입니다. 글을 잘 쓰고 싶다면, 주제를 정확히 하고 그에 맞는 흐름을 만들어가는 연습이 필요합니다. 이를 위해 제가 수년째 활용하고 있는 도구가 있습니다. '개요 스틱'입니다.

📖 글감들을 꿰어주는 작은 바늘, 개요 스틱

아이들이 글을 쓸 때마다 입에 자석같이 붙어 있는 말. "뭘 써야 할지 모르겠어요." 혹은 "어떻게 써야 할지 모르겠어요"는 바로 글의 주제와 구성을 모르겠다는 소리입니다. 아무리 글감이 많아도 어떻게 요리해야 하는지 모르면 쓸 수 없습니다. 그러니 글의 명확한 주제를 찾고, 구성이 주제를 벗어나지 않으며 매끄럽게 이어지도록 쓰는 법을 알려줘야 합니다.

개요 스틱은 주제에 맞춰 글감을 나열하고 정리하도록 돕는 작은 막대기입니다. 막대기 하나하나마다 한 편의 글을 구성하는 데 필요한 요소들이 적혀 있습니다. 어떤 책을 읽었는지, 어떤 성격의 글을 쓸 것인지에 따라 필요한 막대기들을 다양한 방식으로 엮어봅니다. 이렇게 하면 문단 간 흐름이 매끄러운지, 단락이 논리적으로 연결되어 있는지 직관적으로 알 수 있습니다.

개요 스틱 사용법

개요 스틱의 활용 방법을 소개하면 이렇습니다.

1) 책을 읽고 글의 주제와 방향을 설정합니다.

2) 글감을 모읍니다.

3) 이제 개요 스틱을 만들 차례입니다. 저는 아이스크림 스틱을 사용하는데요, 온라인에서 개당 10원꼴로 저렴하게 구입할 수 있습니다. 1), 2)번을 바탕으로 글의 구성에 필요한 내용들을 스틱 위에 적습니다. 이를테면, '가장 인상적인 사건과 이유', '내가 경험했던 일이나 생각난 사건', '직접 경험하지 않았지만 영화, 뉴스에서 본 내용' 등, 이 책을 읽고 '주제'와 관련해 쓸 수 있는 구

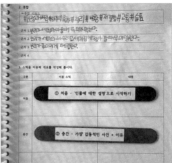

성을 모두 생각해보는 겁니다. 초등학교 3~4학년이라면 한 편의 글을 쓸 때 3~4개, 초등 5~6학년은 5개 정도의 스틱을 사용하면 적당합니다. 중·고등학생들은 6~7개까지 사용할 수 있습니다.

4) 개요 스틱을 다양한 방법으로 배치해보면서 가장 자연스럽게 연결되는 순서를 찾습니다. 한 자리에 여러 개를 놓아도 괜찮습니다. 만약 논리적으로 어색하거나 부족한 요소가 있다고 느끼면 배치를 달리해봅니다. 마치 게임처럼 자유롭게 다양한 시도를 해보세요. 글이 가장 논리적으로 자연스럽게 흐르도록 만드는 것이 최종 목표입니다.

5) 가장 적절한 배치를 찾았다면, 그 순서를 바탕으로 글을 작성합니다.

제가 수업 시간에 자주 사용하는 개요 스틱을 참고하시도록 다음에 소개합니다.

이야기를 정리해볼까? (전체 내용)

주인공의 핵심 사건

가장 인상적인 사건과 이유

가장 돋보이는 인물과 이유

새로 배운 것, 혹은 느낀 것

내가 경험했던 일과 연관된 사건

이 책을 읽고 떠오른 다른 책, 영화, 드라마

작가가 하고 싶은 이야기

나에게 가장 와닿은 문장

이 책을 읽고 변하게 된 내 생각

친구에게 이야기해주고 싶은 부분

아쉬운 부분

208

감상문을 위한 개요 스틱 구성 요령

이제 실제로 책을 읽고 개요 스틱을 통해 구성을 해봅시다.

- 책 제목 : 《나밖에 모르는 거짓말》(마리안느 머스그로브 지음, 책속물고기)
- 주제 : 거짓말
- 방향 : 불안한 마음

다음과 같은 개요 스틱을 사용하면 적절할 것 같네요.

> 주제에 관해 원래 갖고 있던 내 생각

> 주인공이 보여주었던 '거짓말'의 모습은?

> 주인공의 불안한 마음에 관한 내 생각

> 내가 했던 거짓말과 거짓말의 이유

> 다시 내려보는 '거짓말'의 정의

한 권 더 해볼까요?
- 책 제목 : 《단톡방 귀신》(제상은 지음, 마주별)
- 주제 : 왕따
- 방향 : 보이지 않는 상처

개요 스틱은 다음과 같이 골라봅니다.

> 주제에 관한 정의

> 소설과 현실의 차이(단톡방)

> 주인공을 보면서 드는 생각

> 곁에서 보았거나 겪었던 '소외감'

> 나는 친구에게 어떤 친구가 되어줘야 할까?

이번에는 처음 소개했던 예진이의 글을 다시 한번 볼까요? 아래와 같은 개요 스틱을 통해 글의 구성을 다시 정리해봅시다.

> 전체 이야기

> 가장 돋보이는 인물과 이유

> 내가 경험했던 일과 연관된 사건

진이는 고양이를 키우고 싶었지만, 이모가 반대해서 키우지 못했을 때 후루룩이 나타났다. 후루룩은 컵에서 태어난 고양이로 진이의 하루살이 고양이다. 이모는 고양이를 키우는 것을 반대했다. 이 중에서 가장 돋보이는 인물은 바로 진이이다. 그 이유는 진이가 고양이를 키우고 싶어 이모께 졸랐지만, 이모는 계속 반대하는 것이 공감되기 때문이다. 나도 고양이를 키우고 싶은데 엄마와 비염 때문에 키우지 못하고 있다. '으, 이 나쁜 비염!'

어떤가요? 무엇에 관한 책인지, 아이는 이 책의 어느 부분에 공감했으며, 개인적인 감상은 무엇인지가 간단하지만 잘 드러납니다.

물론 다른 개요 스틱을 사용해도 좋습니다. 이번에는 선생님의 도움을 받아 내용을 조금 더 구체적으로 풀어내 볼까요? 이번에 사용할 개요 스틱은 아래와 같습니다.

내가 경험했던 일과 연관된 사건

전체 이야기

누군가에게 꼭 이야기해주고 싶은 부분과 내 생각

나는 고양이를 좋아한다. 집에서 고양이를 키우고 싶다. 하지만, 나는 고양이를 키우지 못한다. 비염이 있기 때문이다. 또, 나는 사람 빼고 움직이는 동물을 무서워한다. 공포증이 있다. 그래서 나는 고양이가 나오는 책을 좋아한다.

'컵 고양이 후루룩'도 고양이가 주인공인 것 같아 마음에 들었다.

진이는 이모와 함께 산다. 이모가 없는 저녁에 라면을 먹으려고 편의점에 갔다. 거기서 동물 자판기를 보았다. 이상했지만 진이는 거기서 고양이를 뽑아 왔다. 분명히 이모는 싫어하니까 들키지 않기 위해 최선을 다하고 이름도 후루룩이라고 붙여줬다. 후루룩과 저녁을 함께 먹으며 꽁치도 주었다. 후루룩과 함께 잠들었는데 후루룩의 상태가 이상했다. 괜찮을 거라고 생각하고 잠들었다. 아침에 후루룩은 굳어 있었다.

나는 진이와 후루룩을 보고 좋아하는 마음만으로 동물을 키울 수는 없다고 생각했다. 그러니까 초등학생들은 동물을 키우려고 하기 전에 충분히 생각해봐야 한다. 그렇지 않으면 동물이 위험할 수 있다.

개요 스틱을 이용해 문단과 구성의 흐름이 생겼습니다. 줄거리의 요약도 단정해졌고요. 처음보다 훨씬 내용 전달이 잘 되는 것을 확인할 수 있습니다.

처음에는 개요 스틱을 사용하는 것이 낯설 수 있습니다. 그래서 엄마나 선생님의 도움이 필요하지만, 구성 연습이 능숙해지면 스스로 글감을 만들고 자유롭게 활용할 수 있게 될 것입니다. 그렇게 될 때까지 옆에서 따뜻한 시선으로 아이를 지켜봐 주시고 함께해주세요. 낯설고 서툴러 보여도 그 과정에서 아이는 자신만의 글쓰기 리듬을 만들어갈 것입니다

1. 쉽게 읽히고 이해할 수 있는 글이 좋은 글입니다. 전달하고자 하는 내용은 명확하고, 전달 방법은 친절해야 합니다.

2. 아이들이 글의 흐름을 눈으로 보며 구성할 수 있도록 개요 스틱 사용법을 가르쳐주세요. 개요 스틱은 막대기에 직접 글씨를 써도 좋고, 종이에 프린트해서 붙여도 좋습니다.

3. 글을 쓸 때마다 다양한 개요 스틱을 이리저리 배치하면서, 아이들이 논리적으로 자연스럽고 가장 좋은 구도를 찾도록 해주세요.

글의 완성도를 높이는
퇴고

📖 글의 완성도를 높이는 결정적 도구

"저 진짜 열심히 쓴 건데요? 다시 안 봐도 될 것 같은데…."

다 쓴 글을 다시 한번 읽어보자고 하면, 아이들 대부분은 눈이 똥그래집니다. 2주 동안 열심히 쓴 글을 다시 보며 고치자는 소리가 섭섭하기도 하고 억울하기도 한 모양입니다.

하지만 혼자 간직하는 일기가 아닌 이상, 우리가 쓰는 글은 대부분 세상을 향해 있지요. 세상에 내 글을 꺼내놓기 전 몇 번이고 고치는 과정은 선택이 아니라 필수입니다.

대문호 톨스토이가 《전쟁과 평화》의 초고를 쓴 후 7년간 퇴고를 반복했다는 일화는 유명합니다. 톨스토이 정도의 대가가 아니라도, 모든 작가는 초고를 완성한 후 끊임없는 퇴고의 과정을 거칩니다. 그렇게 완성된 작품은 초고와 비교하면 모든 면에서 훨씬 더 정제되어 있습니다. 그래서 '글은 쓰는 것보다 다듬는 것이 더 중요하다'라고 하나 봅니다.

완성한 글 수정하기

아이들 수준에서 퇴고는 완성도 높은 글을 만드는 정교한 작업이라기보다, '읽히는 글'을 만드는 기본적인 수정에 가깝습니다. 글의 논리 구조나 전개, 설명 방식, 선택한 근거 등에 부자연스러운 부분이 없도록 살피는 것이지요. 아이들이 쓴 글에서 주로 보이는 문제는 다음과 같습니다.

- 주어와 술어가 일치하지 않는 문장
- 너무 많은 복문
- 시제가 맞지 않는 문장
- 순서에 맞지 않는 흐름
- 중복된 단어
- 논리적 구조를 해치는 문장
- 일관성 없는 문장
- 명확한 주제 없이 흘러가는 글

위와 같은 문제가 많이 포함될수록 잘 읽히지 않는 답답한 글이 됩니다. 퇴고 과정을 몇 번 거치다 보면 글이 한결 정돈되어서 처음보다 읽기 편해지지요. 물론 아이들은 처음부터 자신의 글에 아무런 문제가 없다고 생각하는 것이 보통입니다. 이때 선생님이나 부모님의 시선에서 문제를 짚어주고 어떻게 수정하는지를 보여주면, 아이들도 퇴고의 중요성을 공감하고 이후에는 스스로 해보고자 합니다.

앞에서 이야기했던, 아이들 글의 흔한 문제를 같이 수정해보려 합니다. 실제로 아이들과 수업하는 것처럼, 예시를 들어 설명해보겠습니다.

• 주어와 술어가 일치하지 않는 문장

내 꿈은 훌륭한 의사가 되어 소외된 사람들에게 의술을 펼치려고 한다.

☞ 내 꿈은 훌륭한 의사가 되어 소외된 사람들에게 의술을 펼치는 거야.

이 문장은 주어 '내 꿈은'과 서술어 '펼치려고 한다'가 호응하지 않아. '꿈'은 사람이 아니니 '펼치려고 한다'와 같이 사람의 의지를 나타내는 표현과 맞지 않아. 사람의 생각이나 행동을 나타내는 말은 사람이 주어일 때만 어울려. 그러니까 '펼치는 거야'로 고쳐보자.

· 너무 많은 복문

어제 친구들과 놀이터에서 놀았고, 새로 전학 온 친구를 놀이터에서 우연히 만나 함께 놀았고, 강아지가 있어서 강아지를 쫓아다니다가 집에 늦게 들어가서 엄마한테 혼났습니다.

☞ 어제 친구들과 놀이터에서 놀다 새로 전학 온 친구를 우연히 만났어요. 함께 강아지를 쫓아다니다가 집에 늦게 들어가 엄마한테 혼났어요.

이 문장은 너무 길고 여러 사건이 한꺼번에 나열되어 이해하기 어려워. 문장을 나누어 각각의 사건을 명확하게 표현해볼까?

· 시제가 맞지 않는 문장

건휘는 다른 아이의 아이스크림을 뺏어 먹는 사고를 쳤었다. 결국 엄마의 회초리 처방이 내려졌었다.

☞ 건휘는 다른 아이의 아이스크림을 뺏어 먹는 사고를 쳤어. 결국 엄마의 회초리 처방이 내려졌어.

'쳤었다' '졌었다'는 과거의 어떤 시점보다 더 앞서 일어난 일을 말할 때 사용하는 표현이야. 일반적인 과거 사건을 이야기할 때는 과거 시제를 사용하는 것이 자연스러워.

• 순서에 맞지 않는 흐름

나는 숙제를 끝내고 텔레비전을 봤다. 집에 돌아와서 숙제를 했다.

☞ 나는 집에 돌아와서 숙제를 했다. 그리고 텔레비전을 봤다.

이 문장은 사건의 순서가 논리적이지 않아. 집에 돌아온 후에 숙제
했으니, 문장의 순서를 바꿔야 해. 읽는 사람이 헷갈릴 수 있어.

• 중복된 단어

나는 오늘 아침에 아침 식사를 했다.

☞ 나는 오늘 아침 식사를 했다.

오늘 '아침'과 '아침 식사'에서 '아침'이 중복되어 사용되었어. 중복
을 피하기 위해 '오늘 아침' 또는 '아침 식사' 중 하나를 생략하여 문장
을 간결하게 만들어야 해.

• 논리적 구조를 해치는 문장

이 책은 재미있고, 샌드위치는 맛있다.

☞ 이 책은 재미있다. 샌드위치가 맛있다.

두 문장은 서로 관련이 없어서, 접속사를 사용해 연결하는 것보다
독립된 문장으로 분리하는 것이 더 좋아.

• 일관성 없는 문장

나는 축구를 좋아하고 걔는 농구를 싫어한다.
☞ 나는 축구를 좋아하고 걔는 농구를 좋아하지 않는다.

긍정문과 부정문이 같이 있어 일관성이 떨어져. 같은 방식으로 말하면 읽을 때 더 자연스러워.

• 명확한 주제 없이 흘러가는 글

학교에 갔는데 비가 오고, 점심은 맛있었고, 수업은 지루했다.
☞ 오늘 학교에선 비 때문에 바깥놀이를 못했고, 수업도 재미가 없었다. 지루한 날이었다.

여러 주제가 혼합되어 있어 중심 주제를 파악하기 어려워. 무슨 이야기를 하는지 잘 모르겠어. 이럴 경우, 주제가 명확히 드러나도록 문장을 수정하는 것이 좋아.

글을 퇴고하다 보면 나타나는 공통점이 한 가지 있습니다. 바로 글의 길이가 짧아지는 것인데요, 주제를 명확하게 설정하고 한 방향으로 이어지도록 검토하는 과정에서 불필요한 문장들을 걸러내고 꼭 필요한 것만 남기게 됩니다. 글이 자연스레 짧아지고 하고자 하는 말은 뚜렷해지지요. 한결 자연스러운 글이 됩니다.

퇴고는 자기 글을 되짚고 분석해볼 수 있는 적극적인 수단입니다. 그 결과 스스로의 글을 조율하며 확신을 가질 수 있게 됩니다. 글을 다 썼다고 해서 끝난 게 아닙니다. 퇴고까지 마무리해야 글이 완성된다는 사실을 아이들에게 여러 번 강조해주세요.

엄마의 **똑똑** 가이드

1. 아이들 글의 퇴고는 완성도 높은 글이 아니라, 읽히는 글을 만드는 것이 목적입니다.

2. 읽히는 글을 만든 후 주제 설정, 글의 방향성, 장르에 맞는 글쓰기, 문장 걸러내기 등을 통해 글의 완성도를 높입니다.

초3 독서력이 고3까지 이어집니다

초판 1쇄 발행 2025년 5월 20일

지은이 지희정
펴낸이 정덕식, 김재현

책임편집 임성은
디자인 Design IF
경영지원 임효순

펴낸곳 (주)센시오
출판등록 2009년 10월 14일 제300-2009-126호
주소 서울특별시 마포구 성암로 189, 1707-2호
전화 02-734-0981
팩스 02-333-0081
메일 sensio@sensiobook.com
ISBN 979-11-6657-196-1 (13590)